IL • N'Y • A • PAS • DE COÏNCIDENCES

ALIZA KELLY

44 CARTES POUR DÉCOUVRIR LES MESSAGES DE L'UNIVERS

W0403714

CATÉGORIES

CELA · SIGNIFIE QUELQUE CHOSE

QU'EST-CE QUE CELA SIGNIFIE QUAND VOUS VOYEZ 11 H 11 ?

Ou lorsqu'un colibri passe devant votre fenêtre ?

Lorsque vous manquez accidentellement votre vol ?

Ou lorsque vous faites une rencontre imprévue qui pourrait changer votre vie à jamais ?

Eh bien, cela veut tout dire.

Chaque jour, notre existence est animée par une infinité de stimuli externes et internes. Pensées, odeurs, alertes SMS. Chiens qui aboient. Des robots qui appellent. Des souvenirs sans fin. Il est pratiquement impossible de traiter l'extraordinaire quantité de données – qu'il s'agisse de situations réelles et tangibles ou d'impressions extrasensorielles et énergétiques – qui nous inondent au quotidien. Naturellement, nous choisissons comment et où concentrer notre attention, en privilégiant certains sujets tout en en ignorant d'autres. Bien que ce type de triage empirique soit vital pour la régulation émotionnelle (et nous sommes capables d'y parvenir), la frontière entre la neutralité et la négligence est ténue.

Alors que nous faisons face au bombardement constant de nouvelles tragiques et aux « événements sans précédent » qui sont devenus la marque de notre époque, en plus du stress, des responsabilités et de l'épuisement qui nous affectent au niveau individuel, je crains que nous ne soyons, en tant que société, de plus en plus endurcis et désensibilisés. Et cette rigidité du détachement, le ronronnement de la passivité, de l'ennui – le haussement d'épaules dédaigneux qui accompagne le « peu importe » – a de profondes implications morales et éthiques sur la conscience collective.

Mais qu'est-ce que la conscience collective ? D'une manière générale, la conscience collective est la psyché de la macro – ce sont les croyances, les valeurs, l'éthique et la morale qui façonnent la société dans son ensemble. Bien que l'échelle extraordinaire de la conscience collective puisse sembler insurmontable (après tout, c'est l'amalgame de tout le monde et de toutes les choses), d'un point de vue mystique, elle est en fait tout à fait accessible. La pensée métaphysique est enracinée dans l'axiome hermétique « ce qui est en haut est comme ce qui est en bas ; c'est l'extérieur comme l'intérieur », ce qui signifie essentiellement que le micro et le macro sont inextricablement liés. En d'autres termes, les principes qui s'appliquent à un tout (par exemple, un pays) s'appliquent également à ses parties les plus petites (par exemple, un immeuble d'habitation). Et, conformément à cette philosophie, votre conscience individuelle **est** la conscience collective.

Fondamentalement, il s'agit donc de vous. Non, vraiment, c'est personnel. Vos opinions, observations, décisions, émotions et expériences jouent un rôle essentiel dans la conscience collective ; en un sens, la façon dont vous exprimez votre existence définit la réalité dans son ensemble. La façon dont vous dépensez votre temps, votre argent, votre énergie, la façon dont vous traitez les gens - amis, parents, ainsi que les inconnus sur Internet -, tout cela a de l'importance. Tout cela compte. Tout cela signifie quelque chose. Les actions (et les inactions) expriment des convictions et, d'un point de vue spirituel, fonctionnent comme des manifestations qui se répercutent dans toutes les dimensions. Pensez à une vague humaine lors d'un concert ou d'un festival dans un stade - des centaines de milliers de mains ondulant à l'unisson, créant un puissant courant électrique de connectivité... et tout cela commence par un seul geste. C'est vous, en ce moment même.

Il n'y a pas de coïncidences (INAPC, en abrégé) est à la fois une déclaration et une expression. Utilisé de la même manière que l'on s'exclame « pareil ! » lorsque deux personnes prononcent accidentellement le même mot ou la même phrase en tandem, vous pouvez dire « INAPC » pour appeler ces synchronicités magiques dont nous, personnes à l'esprit spirituel, savons qu'il s'agit bien plus que de coïncidences.

Par exemple, si vous recevez soudainement un SMS d'une personne au moment même où vous pensez à cette personne, il s'agit d'une INAPC. Découvrir que votre béguin actuel a le même anniversaire que votre ex ? INAPC. Ou encore la fois où vous avez été écarté de ce que vous pensiez être le poste de vos rêves, pour finalement emprunter un chemin différent qui vous a ouvert plus de portes que vous n'auriez jamais pu l'imaginer ? INAPC. Utilisé comme exclamation, INAPC signale une profonde conscience spirituelle, car INAPC est aussi une philosophie. Les signes, les symboles et les synchronicités sont importants parce qu'ils soulignent la signification de votre existence ; ils comptent parce que vous comptez. En renforçant votre relation avec INAPC – c'est-à-dire en explorant la sentience par le biais de la reconnaissance des schémas qui se manifestent à la fois par de grandes et de petites choses –, vous approfondissez votre appréciation de la conscience, ce qui vous permettra d'incarner véritablement votre monumentale, bien qu'ineffable, valeur. La pratique INAPC vous encourage non seulement à reconnaître, mais aussi à vénérer activement la sublime fortuité qu'est votre existence... parce que tout ce que vous observez et tout ce que vous vivez sont des microcosmes conçus pour valider le macrocosme – le plus grand INAPC de tous. Vous, mon ami(e), n'êtes pas une coïncidence.

TOTALITÉ ET VIDES

IL N'Y A PAS DE COÏNCIDENCES est un microcosme. Les quarante-quatre cartes sont divisées en quatre sections - Cosmos, Nature, Seuils et Chance - avec onze cartes dans chaque groupe. Pris dans sa totalité, ce jeu est censé représenter le macrocosme de chaque INAPC qui a existé, qui existe et qui existera. Il s'agit bien sûr d'une tâche impossible. Dans le paysage incroyablement vaste du symbolisme, quarante-quatre cartes ne représentent qu'une goutte d'eau dans l'océan. Mais dans le monde sauvage de la poésie mystique, où fourmis et éléphants mangent à la même table, ce jeu doit être considéré comme complet.

Chaque carte et sa catégorie correspondante ont été soigneusement sélectionnées pour refléter les INAPC les plus fréquentes, les plus répandues et les plus omniprésentes que j'ai rencontrées de manière incontournable – comme dans les mythes et les légendes – ainsi que socialement (par le biais de clients, d'étudiants, d'amis et de membres de la famille) et, bien sûr, personnellement. En conséquence, j'espère que vous adopterez ce jeu dans son ensemble, en calibrant chaque carte pour qu'elle corresponde aux fréquences uniques de votre réalité. Si et quand vous découvrez l'absence d'un signe, d'un symbole ou d'une synchronicité qui exige un rôle dans ce jeu, considérez la portée étendue d'une carte existante – par exemple, peut-être que la carte Souvenirs comprend des arcs-en-ciel, et que la carte Animaux représente aussi des os. J'espère qu'au sein des limites inévitables de ce jeu, vous trouverez une liberté créative illimitée, qui renforcera une connexion harmonieuse et vous permettra de relier l'espace entre les cartes et les contours de votre psyché.

ARCHITECTURE

DES POSSIBILITÉS ILLIMITÉES EXISTENT DANS CE JEU DE CARTES.

Au fur et à mesure que vous vous familiariserez avec *Il n'y a pas de coïncidences*, la relation que vous établirez avec les cartes – individuellement et dans leur ensemble – sera éclairée par des associations, des correspondances et des expériences particulières. Avec le temps, vous découvrirez peut-être que certaines cartes signifient des lieux, des personnes ou des événements spécifiques à votre réalité. Il ne s'agit évidemment pas d'une coïncidence. Votre lien avec cet outil spécial se transformera, en fin de compte, en une extension de votre conscience : la vision mystique des cartes n'est autre que votre propre sagesse, exprimée à travers le langage des signes, des symboles et des synchronicités. Et c'est là, mon ami(e), l'esprit INAPC.

En conséquence, la structure de ce jeu a été conçue pour favoriser l'interprétation, la divination et l'expression créative sans limites. *Il n'y a pas de coïncidences* est soutenu par de solides poutres de fondation, mais, à l'instar d'un open space, vous pouvez l'organiser, le concevoir et le moduler de la manière qui vous convient.

Vous pouvez par exemple le diviser en quadrants, comme le reflètent les quatre catégories principales. Peut-être identifierez-vous des schémas magiques enfouis dans la classification numérique de chaque carte. Ou peut-être préférez-vous un plan plus ouvert qui réduit les limites en soulignant la cyclicité organique du jeu, chaque carte s'imbriquant dans la suivante comme les pièces sans murs d'un manoir moderne.

Rappelez-vous qu'il n'y a pas de hiérarchie – une technique n'est pas meilleure ou pire qu'une autre. Vous êtes libre d'expérimenter et d'explorer la myriade de fonctions du jeu, détaillées ci-dessous.

CONCEPTION

TOUS LES DÉTAILS DU JEU SONT INTENTIONNELS. Les polices de caractères, les arrière-plans, les couleurs, les mises en page et l'iconographie ont été rigoureusement calibrés pour dégager le type particulier de magie que l'on associe le plus souvent aux objets trouvés, comme lorsqu'on feuillette des textes oubliés dans une vieille bibliothèque et que l'on tombe sur un livre tellement chargé d'énergie qu'il lévite pratiquement de l'étagère. De style à la fois nostalgique et surprenant, ce jeu est un bouquet d'illustrations victoriennes et de psychédélisme des années 1970, ancré dans le cadre rigoureux d'un manuel ancien. *Il n'y a pas de coïncidences* a été conçu pour favoriser de nouvelles perspectives sur des archétypes intemporels, encourageant chacun à explorer ses réalités – à la fois ce qui est connu et ce qui reste à découvrir – à travers la poétique des possibilités illimitées.

MOTS-CLÉS

CHAQUE CARTE EST ILLUSTRÉE par quatre mots-clés destinés à approfondir votre relation avec chaque signe, symbole et synchronicité contenus dans le jeu. Ces mots-clés offrent un aperçu, une perspective et une nuance grâce à une exploration complète – en fait, vous découvrirez peut-être que, dans de nombreux cas, une seule carte peut se révéler comme un élément de bon augure **et** un avertissement. Cela reflète bien sûr la dimension extraordinaire de chaque expérience, un amalgame de possibilités passionnantes et d'ajustements imprévus. De même, ces mots-clés sont conçus pour susciter des idées. Lorsque vous travaillez avec les cartes, réfléchissez à la façon dont les mots-clés transforment votre compréhension de la INAPC. Ces mots et ces phrases renforcent-ils votre lien avec la carte ? Révèlent-ils des détails, des dimensions ou des dynamiques spécifiques qui n'auraient pas été accessibles autrement ? Quels concepts, récits ou notions supplémentaires ces mots-clés véhiculent-ils ? En continuant à renforcer votre lien avec le jeu, vous découvrirez que ces mots-clés servent de base de départ pour poursuivre l'interprétation, la réflexion et l'analyse ; je vous invite à élargir les définitions en fonction de votre pratique mystique unique.

CHIFFRES

CHAQUE CARTE SE VOIT ATTRIBUER UN CHIFFRE OU UN NOMBRE, ce qui les rattache à la fois à leur catégorie et à la structure générale du jeu. En travaillant avec le jeu, vous découvrirez que certaines séquences reflètent des systèmes existants - par exemple, les cartes de Cosmos correspondent à l'ordre des corps célestes de notre galaxie, et les éléments (Feu, Terre, Air et Eau) de la section Nature sont organisés en fonction de leurs correspondances astrologiques.

D'autres cartes, en revanche, ont été disposées selon un processus intuitif. Après avoir créé un jeu de cartes à la main, j'ai découvert que, comme de mystérieux aimants, les signes, les symboles et les synchronicités évoqués dans *Il n'y a pas de coïncidences* émettaient des fréquences différentes en fonction de leur position. Par exemple, j'ai observé que le symbolisme de la carte « Géométrie » s'articulait plus clairement lorsqu'elle était placée à côté des cartes « Musique » et « Chiffres » plutôt que proche de « Retards » et « Dés ». Comme chaque arrangement génère une histoire unique, la place de chaque carte dans le jeu a été soigneusement étudiée. Mon objectif était bien sûr d'amplifier la signification de chaque carte dans sa catégorie respective. Ainsi, après avoir exploré diverses options, j'ai fini par trouver la séquence - celle avec laquelle vous interagissez aujourd'hui – qui exprimait le mieux les intentions les plus pures des cartes.

De même, les numéros des cartes – basés sur leur organisation guidée par l'intuition – offrent un autre point de référence mystique. Peut-être certains chiffres ou nombres indiqueront-ils des dates ou des heures importantes ? Des adresses ? Le taux de charge des piles ? Des sorties d'autoroute ? Votre capacité à interpréter, analyser et cultiver des liens avec les cartes dépend de votre inspiration. Si vous êtes réceptif à leurs messages, les chiffres et nombre des cartes vous ouvriront encore plus de possibilités.

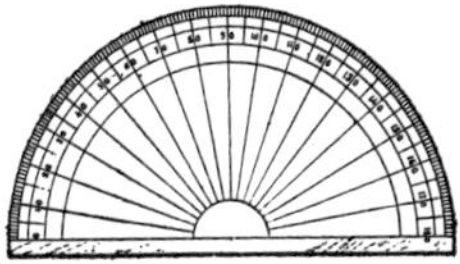

INAPC

Il n'y a pas de coïncidences est une expérience immersive. Ce jeu est la manifestation de profondes vérités métaphysiques qui transcendent les cartes elles-mêmes. De même, ces cartes sont destinées à souligner, mettre en valeur et amplifier les signes, les symboles et les synchronicités qui éclairent déjà votre conscience. Dans ce guide, j'ai inclus cinq exemples de la façon dont la présence mystique de chaque carte peut apparaître dans votre vie quotidienne. À travers cette lentille, nous pouvons explorer l'omniprésence de ce phénomène – dans le monde INAPC, rien n'est fortuit. Tout a une valeur, un sens et une signification. En conséquence, les INAPC de chaque carte reflètent la boucle de rétroaction infinie entre vos réalités quotidiennes et le monde spirituel.

Vous vous rendrez peut-être compte que vous êtes déjà en phase avec certains des exemples de INAPC présentés dans ce guide. Par exemple, vous aviez peut-être un lien particulier avec une porte dans la maison de votre enfance, et le fait d'identifier l'association entre les portes et les Portails vous permet de bien mieux comprendre sa présence dans votre vie. Il se peut aussi que certains symboles n'aient pas été clairement définis et que les correspondances établies dans ce jeu vous permettent de comprendre des alignements significatifs entre les domaines physique et spirituel.

Notez que les cinq exemples INAPC inclus dans ce guide ne font qu'effleurer la surface. Tout comme les mots-clés associés à chaque carte sont destinés à enrichir, élucider et inspirer, les INAPC de chaque carte devraient permettre d'approfondir la connaissance spirituelle. Les signes, les symboles et les synchronicités se manifestent dans votre réalité d'innombrables façons et sans limites, c'est pourquoi le calibrage de votre conscience fait partie intégrante de l'action spirituelle. Ainsi, que vous soyez déjà bien familiarisé avec le langage des corrélations ou que vous commenciez tout juste à établir un vocabulaire allégorique, les INAPC vous donneront les moyens d'élever votre pratique au niveau supérieur.

UTILISER LES * CARTES

INAPC EST UNE LANGUE. C'est une façon de tracer, de suivre et de définir le courant électrique magique qui enflamme l'existence au niveau individuel et collectif. De même, ce jeu est conçu pour vous aider à renforcer votre relation avec les signes, les symboles et les synchronicités. Vous pouvez utiliser ces cartes pour vous éclairer sur votre chemin actuel - chacune vous invitera à vous mettre à l'écoute d'un modèle ou d'une fréquence particulière, ce qui vous permettra de déterminer si vous allez dans la bonne direction ou s'il est préférable de changer de cap. Ou, si vous vous sentez indécis, vous pouvez utiliser les cartes pour vous guider : chaque carte vous inspirera de nouvelles pensées, une nouvelle perspective et une nouvelle compréhension des dynamiques passées, présentes et futures. Ces cartes peuvent également être utilisées comme outil de divination. Si vous souhaitez entrer en contact avec un ancêtre ou un guide, ces cartes peuvent servir de conducteur et vous permettre de communiquer avec les esprits de l'autre côté.

Il existe une infinité de façons de travailler avec

votre jeu, mais voici quelques recommandations pour vous aider à démarrer.

BATTRE LES CARTES

Bien que certaines personnes soient extrêmement adroites lorsqu'elles manipulent des cartes, il n'est pas nécessaire d'être croupier dans un casino pour réussir à mélanger ce jeu (ou tout autre jeu métaphysique, d'ailleurs). Que vous choisissiez de diviser le jeu en deux, en utilisant vos pouces pour combiner les piles, ou que vous préfériez disperser les cartes sur une surface et les mélanger avec la paume de vos mains, votre intention est la partie la plus importante du mélange.

Votre relation avec le jeu de cartes repose sur la confiance, l'honnêteté et, surtout, la communication. De même, imaginez le processus de mélange des cartes comme l'ouverture d'un nouveau dialogue. La dynamique doit être un va-et-vient, ce qui signifie que vous ne comptez pas exclusivement sur le jeu pour mener la conversation ; vous y participez également. En effet, au fur et à mesure que vous mélangez les cartes, vous renforcez votre rôle dans cet échange, alors avant de tirer les cartes, prenez un moment pour vous connecter à votre intention.

- De quoi ai-je envie de discuter avec le jeu ?
- Qu'est-ce que je veux apprendre ?
- Qu'est-ce qui m'aiderait à me diriger dans ma situation actuelle ?

Lorsque votre intention est forte et que le jeu semble

suffisamment mélangé, il est temps de tirer les cartes. Le résultat de ces tirages est souvent appelé « étalement ». Il n'y a pas de bonne ou de mauvaise façon de travailler avec les tirages, mais j'ai constaté que les tirages les plus réussis sont guidés par l'intention.

CARTE UNIQUE

GUIDANCE

En tirant une seule carte, vous obtiendrez une profondeur, une compréhension et une orientation accrues. Vous pouvez choisir de commencer par une question. Je vous recommande de fermer les yeux et de prendre un moment pour trouver la meilleure formulation pour votre question (par exemple : « À quoi dois-je prêter attention maintenant ? » ou « Quel est le meilleur chemin à suivre ? ») avant de diviser le jeu en trois sections. Faites appel à votre intuition pour reconstituer le jeu et tirez la première carte au sommet de la pile. Vous pouvez également incorporer le tirage d'une seule carte dans votre routine du matin, de l'après-midi ou du soir, ce qui vous permettra de ritualiser cette pratique et de faire l'expérience de la magie de cette carte dans un cycle de vingt-quatre heures. Grâce à ce processus, vous développerez des relations uniques avec chaque INAPC. Cette pratique cohérente vous offrira des conseils sur la façon de passer votre journée, de métaboliser vos circonstances actuelles ou vous éclairera sur la meilleure façon d'aller de l'avant.

TROIS CARTES

NARRATIF

Pour explorer la narration d'une situation, envisagez de travailler avec un jeu de trois cartes. Avant de tirer les cartes, attribuez une signification à chaque position – telle que « passé, présent, futur », « esprit, corps, âme », « soi, autre, résultat », « interne, externe, intégration », ou tout autre groupement de trois qui a du sens dans votre situation – afin de savoir précisément ce que chaque carte signifie. Une fois que vous avez tiré les cartes et assemblé votre tirage, remarquez comment les cartes interagissent les unes avec les autres. Y a-t-il une symétrie, une répétition, une harmonie ? Vous pouvez également observer des contradictions, des divergences ou des dissonances. Après tout, il n'y a pas de coïncidences ; peut-être la disparité est-elle une manifestation visuelle d'une situation complexe ? Le tirage à trois cartes permet à chaque carte de fonctionner individuellement, comme au sein d'une séquence plus large, alors prenez votre temps pour explorer les incroyables nuances du message lorsque vous travaillez avec cette méthode.

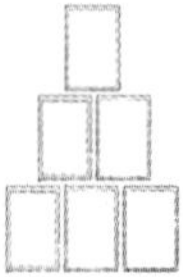

SIX CARTES

INVESTIGATION

L'exploration du jeu par le biais d'un étalement de six cartes offre une vision globale. Lorsque vous travaillez avec cet étalement, réfléchissez à la signification de chaque position avant de tirer la carte, afin qu'il y ait une cohésion claire entre le placement et sa signification. Je vous suggère d'attribuer trois cartes à votre situation actuelle (cartes 1, 2 et 3), deux aux outils dont vous aurez besoin pour avancer (cartes 4 et 5) et une à l'opportunité divine qui vous attend (carte 6). Il s'agit d'un excellent tirage pour naviguer dans les transitions monumentales, les transgressions et les transformations.

Rappelez-vous que le jeu cherche à clarifier, et non à embrouiller. Et comme la compréhension du symbolisme de chaque carte nécessite une interprétation, les tirages complexes impliquant plusieurs cartes peuvent souvent brouiller le message : il est difficile de comprendre les signes, les symboles et les synchronicités lorsque l'histoire devient trop complexe. Développer une connexion avec chacune des quarante-quatre cartes demandera de la pratique, de la patience et de la concentration, alors ne précipitez pas le processus. De même, je recommande aux débutants de tirer moins de cartes mais d'interpréter plus profondément. Affichez votre tirage sur un autel ou à votre bureau – écrivez-le dans votre journal, contemplez-le sous la douche, réfléchissez-y au cours d'une promenade. INAPC vit à l'intérieur et à l'extérieur des limites de ce contenant – c'est en fait l'essence même de cette pratique.

CARTES INVERSÉES

On peut dire que, dans le domaine métaphysique, la morale binaire du « bien » et du « mal » n'existe plus. Tout est complexe. Tout est stratifié. Tout est une masse informe, irradiant de plaisir et de douleur, de succès et d'échec, d'amour et de perte. De la même manière, chaque carte de ce jeu est composée de multiples, contenant à la fois des attributs auspicieux et positifs, ainsi que des tests, des défis et des histoires passionnantes. Lorsque vous travaillez avec le jeu, je vous recommande de noter votre réaction immédiate et viscérale à une carte (Quelle est sa vibration énergétique ? Que ressentez-vous ? Quels souvenirs évoque-t-elle ?), puis de vous donner le temps et l'espace – peut-être par le biais d'inspirations et d'expirations, ou dans les pages d'un journal désigné – pour élargir votre interprétation. Y a-t-il d'autres implications, peut-être moins directes, qui ajoutent de la dimension à votre analyse initiale ? Lorsque vous élargissez votre point de vue, quelles nuances insoupçonnées se révèlent dans ce signe, ce symbole ou cette synchronicité ? Comment cette carte repousse-t-elle, défie-t-elle ou résiste-t-elle aux associations évidentes ? La mystique exige fluidité, poésie et subversion. Ne soyez donc pas surpris si une carte semble changer de forme, avec de nouvelles significations et connotations qui se dévoilent au fil du temps. Parfois, les cartes posent plus de questions que de réponses – cela fait partie de la magie.

Il s'agit là d'une façon un peu longue d'aborder les inversions. Pour ceux qui ne sont pas familiers avec ce terme, les inversions se réfèrent à une interprétation distincte de la carte lorsqu'elle apparaît à l'envers. Traditionnellement, les inversions sont abordées comme des opposés ; en d'autres termes, ce que la carte signifie est littéralement retourné à 180 degrés. De nombreux lecteurs de tarot, devins et divinateurs utilisent les inversions. Beaucoup d'autres, moi y compris, s'en abstiennent. En conséquence, mon intention était de donner à chaque signe, symbole et synchronicité tant de profondeur, de dimensionnalité et de nuances que de multiples vérités existent, que la carte soit à l'endroit, à l'envers ou tournée comme une dreidel de Hanoukka. Quelle que soit la façon dont vous regardez la carte, elle devrait toujours contenir une expérience à 360 degrés. Cependant, si vous vous sentez poussés à travailler avec des cartes inversées, n'hésitez pas. Les cartes, tout comme votre pratique, la Lune et toutes les expressions de l'illumination, sont destinées à s'épanouir et à s'affaiblir. Allez-y, expérimentez, découvrez et explorez. En fin de compte, votre jeu est une extension de votre conscience, animée exclusivement par votre propre magie. Vous serez toujours le mieux placé pour le savoir.

INTERPRÉTER LES * CARTES

INAPC EXIGE UNE INTERPRÉTATION. Mais c'est justement ce qui est délicat – aucune explication singulière ne pourrait couvrir l'étendue du sens, ainsi que les nuances spécifiques de sa signification au niveau personnel. Dans ce domaine, l'harmonie coexiste avec la contradiction – nous sommes dans un espace liminal, alors suivez votre intuition.

Mais avant de vous laisser dériver dans l'abîme des métaphores et des allégories, clarifions l'ancrage le plus fondamental de ce jeu : rien n'est plus important que votre relation personnelle avec chaque carte. Comme nous l'avons vu, INAPC est une manifestation de la conscience, et c'est donc votre connexion individuelle aux signes, aux symboles et aux synchronicités qui donnera à ce jeu l'intention, le mysticisme et la signification qu'il mérite. Pour renforcer votre lien avec INAPC, je vous recommande d'explorer la matérialité des cartes en tant qu'objets physiques, et de lire les analyses complètes présentées dans ce guide.

Vous découvrirez que le style de mon interprétation varie d'une carte à l'autre, allant du mathématique à l'historique, du mythologique à l'anecdotique. La raison en est double : d'une part, parce que je voulais présenter aux lecteurs un éventail de techniques d'interprétation et, d'autre part, parce que c'est ainsi que j'aborde personnellement l'interprétation – un amalgame de faits, de fiction, de stoïcisme et de poésie. INAPC est galvanisé par la créativité, le mystère et l'imagination.

De même, en personnalisant le jeu, je vous invite à expérimenter des interprétations. Voici quelques questions à considérer :

- Quelle a été ma première impression de cette carte ?
- Ce signe, ce symbole ou cette synchronicité sont-ils déjà apparus dans ma vie ? Si oui, de quelle(s) manière(s) ?
- Quel est mon lien avec l'interprétation du guide ?
- Que signifie cette carte dans le contexte de ma réalité actuelle ?
- Pourquoi cette carte apparaît-elle maintenant ?

COSMOS

CARTES 1 À 11

LES ONZE CARTES DE LA CATÉGORIE

Cosmos sont liées à l'astrologie, à l'astronomie et à la mythologie céleste. Elles mettent en lumière des signes, des symboles et des synchronicités liés aux orbites planétaires, aux voyages spatiaux et/ou aux découvertes extraterrestres, ainsi que des interprétations spirituelles et poétiques des étoiles, des planètes et des corps célestes. L'exploration de votre thème natal (c'est-à-dire une carte du ciel basée sur la date, l'heure et le lieu de votre naissance), ainsi que des horoscopes et des transits (le mouvement des planètes en temps réel), vous permettra d'approfondir votre relation avec cette catégorie.

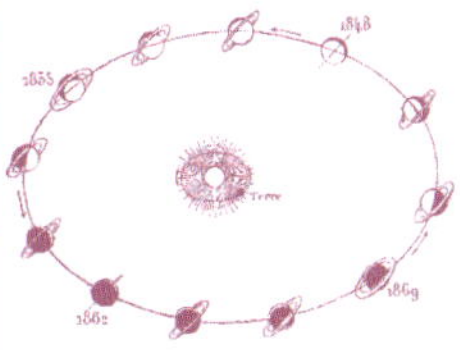

EXEMPLE : La carte de Saturne parle de restrictions, de responsabilités et de temps. En explorant la façon dont ces concepts apparaissent dans votre vie, pensez à rechercher la position de Saturne dans votre thème de naissance pour en savoir plus sur ce placement astrologique à un niveau personnel.

COSMOS

1.

ASCENDANT

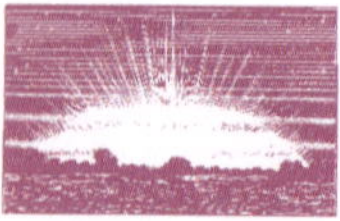

COSMOS

2.

SOLEIL

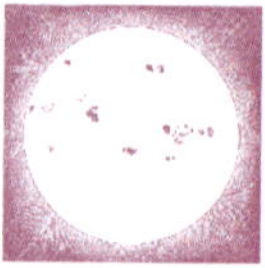

COSMOS

5.

VÉNUS

COSMOS

6.

MARS

COSMOS

3.

LUNE

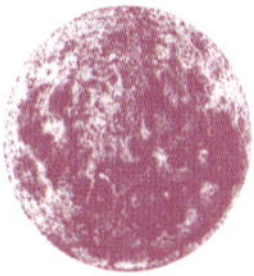

COSMOS

4.

MERCURE

COSMOS

7.

JUPITER

COSMOS

8.

SATURNE

COSMOS
9.
URANUS
COSMOS
10.
NEPTUNE
COSMOS
11.
PLUTON

CARTE 1. ASCENDANT CATÉGORIE COSMOS

MOTS-CLÉS

Perspective
Narration
Réputation
Origines

INAPC

Paysages
Symétrie
Lunettes
Autoroutes
Schémas

NOTES PERSONNELLES

HISTOIRE

EN ASTROLOGIE, L'ASCENDANT – également appelé signe ascendant – représente la zone du zodiaque qui apparaissait à l'horizon au moment exact de votre naissance. En ce qui concerne l'Ascendant, l'heure exacte est un détail critique ; ce point sensible change de signe zodiacal toutes les deux heures et d'un degré toutes les quatre minutes. Bien que la plupart des gens identifient l'astrologie à leur Soleil (c'est-à-dire à la position occupée par le Soleil le jour de leur naissance), avant l'avènement des horoscopes de magazines au début du XXe siècle, l'Ascendant était le point d'entrée de l'analyse astrologique, et ce pour de bonnes raisons. L'Ascendant établit l'architecture de l'ensemble de votre thème de naissance, ainsi que les thèmes, les modèles et les cycles qui continuent à apparaître tout au long de votre vie. L'Ascendant révèle votre mission. Votre perspective. Vos réalités physiques lorsque vous naviguez dans vos expériences du quotidien, ainsi que votre point de vue philosophique lorsque vous levez la tête vers les étoiles. L'Ascendant est votre expérience inimitable sur cette planète – c'est votre histoire.

CARTE 1. ASCENDANT CATÉGORIE COSMOS

MOTS-CLÉS

Perspective
Narration
Réputation
Origines

INAPC

Paysages
Symétrie
Lunettes
Autoroutes
Schémas

NOTES PERSONNELLES

INTERPRÉTATION

L'Ascendant vous demande d'explorer votre point de vue unique, personnel. Peut-être abordez-vous une nouvelle situation avec une attitude habituelle ? Ou peut-être espérez-vous modifier l'issue d'une histoire familière ? Quelles que soient les circonstances auxquelles vous êtes actuellement confronté, l'Ascendant vous encourage à les explorer dans le contexte plus large de votre expérience vécue. L'Ascendant vous rappelle que personne ne voit le monde avec les mêmes yeux et que, par conséquent, l'impression que vous donnez de vos joies, de vos déceptions, de vos espoirs et de vos chagrins fait partie des thèmes permanents qui composent votre récit. De plus, n'oubliez pas que si certains aspects de votre perspective peuvent être statiques, vous pouvez ajuster votre position. En abordant votre situation sous un angle légèrement différent, vous pouvez obtenir une interprétation entièrement différente... ce qui n'est pas plus compliqué que de répéter toujours les mêmes comportements. Réglez votre chronomètre sur quatre minutes - le temps qu'il faut à l'Ascendant pour se décaler d'un degré - et, pendant cette courte période, mettez-vous au défi d'adopter un nouveau point de vue. Il y a une raison pour laquelle vous êtes ici, expérimentant la vie exactement comme vous le faites - l'Ascendant vous invite à trouver ce thème distinctif qui définit votre voyage.

CARTE 2. SOLEIL   CATÉGORIE COSMOS

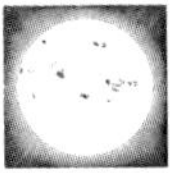

MOTS-CLÉS

◈

Illumination
Joie
Ego
Vitalité

◈

INAPC

◈

Journée
Couronnes
Tournesol
Or
Cœur
Signe du zodiaque : Lion

◈

NOTES PERSONNELLES

◈ HISTOIRE ◈

LE SOLEIL N'A PAS BESOIN D'ÊTRE PRÉSENTÉ. Épicentre de notre système solaire, le Soleil est si spectaculaire – si ineffablement divin – que son énergie auto-générée est à l'origine de tout. Tous les organismes vivants tournent instinctivement leur visage vers le soleil, reflétant ainsi le besoin des planètes de dériver vers cette étoile rayonnante. Autant dire que le Soleil sait attirer l'attention. Vénérer le Soleil, que ce soit au bord d'une piscine par une chaude journée d'été ou en vénérant des divinités solaires dans les cérémonies saisonnières, c'est honorer le courant électrique qui anime l'existence. La puissance du Soleil est incomparable... mais cela ne signifie pas toujours qu'il est gentil envers nous. Tout comme une exposition prolongée au soleil brûle la peau et fait chauffer l'esprit, les dirigeants malveillants adoptent l'imagerie solaire pour imposer une autorité incontrôlée. Heureusement, le cosmos a aussi une solution à ce problème : chaque jour, nous regardons vers l'ouest lorsque le soleil descend au-dessus de l'horizon, marquant un temps d'humilité, de libération et de perspective. À mesure que l'étoile brillante descend sous notre ligne de mire, les températures chutent, les ombres s'étendent et l'énergie s'amenuise. Dans ce cycle régulier de

CARTE 2. SOLEIL CATÉGORIE COSMOS

vingt-quatre heures, nous pouvons faire l'expérience d'une vie entière, d'une mort et d'une renaissance orchestrées par le Soleil.

◈ INTERPRÉTATION ◈

Lorsque le Soleil se montre, il est temps de faire le point avec soi-même. Que faites-vous ? Pourquoi le faites-vous ? Et, ce qui est peut-être le plus important, est-ce que cela vous rend heureux ? Pour suivre l'exubérance extraordinaire du Soleil, vous devez puiser dans votre propre centre énergétique, cette essence innée de vitalité qui galvanise votre esprit. La présence du Soleil vous invite à réfléchir à ce que signifie pour vous le concept de « force vitale », afin de vous assurer que l'épuisement dû aux responsabilités quotidiennes n'a pas éclipsé votre puissance solaire. De plus, cette carte vous rappelle que vous avez la force, le dynamisme et la détermination nécessaires pour accomplir tout ce que vous avez entrepris. Bien que vos capacités soient remarquables, la présence du Soleil demande que votre motivation vienne de vraies passions, dirigées par le cœur, plutôt que de l'ego ou de la suffisance. Rappelez-vous que la magie du Soleil est qu'il est, tout simplement. De même, vous n'avez pas besoin de prouver votre valeur ; faites simplement rayonner votre vérité et les opportunités suivront.

MOTS-CLÉS

◈

Illumination
Joie
Ego
Vitalité

◈

INAPC

◈

Journée
Couronnes
Tournesol
Or
Cœur
Signe du zodiaque : Lion

◈

NOTES PERSONNELLES

CARTE 3. LUNE CATÉGORIE COSMOS

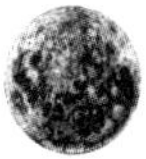

MOTS-CLÉS

Compassion
Nourriture
Confidentialité
Sensibilité

INAPC

Nuit
Crescents
Perles
Argent
Signe
du zodiaque :
Cancer

NOTES PERSONNELLES

HISTOIRE

BIEN QUE NOUS VIVIONS DANS UN MONDE SOLAIRE – les calendriers correspondent à la performance quotidienne du soleil –, la lune offre une perspective totalement différente. Changeant constamment de forme, la Lune glisse sur sa propre orbite de vingt-huit jours, définie par son ondulation « dramatique » sur fond d'obscurité. Le cycle commence par une nouvelle lune, le satellite céleste étant caché parmi les étoiles. Il n'y a pas d'illumination nocturne et l'on considère que c'est le moment de planter des graines, de fixer des intentions et de se préparer à la formidable vague de la Lune. Lorsque la Lune entre dans sa phase de cire, elle commence sa révélation sensuelle, animant la psyché par son émergence. Le point culminant de cette prise de conscience est défini par la pleine lune, la phase dynamique de visibilité totale et complète. La pleine lune, en affichant une exposition maximale, transforme les objets ordinaires en entités mystérieuses de lumière et d'ombres, miroirs de la lune elle-même. Presque instantanément, la Lune décide que vous en avez assez vu et prépare sa descente – les phases descendantes – dans l'obscurité, entraînant avec elle les marées d'encre de l'océan.

CARTE 3. LUNE CATÉGORIE COSMOS

MOTS-CLÉS

Compassion
Nourriture
Confidentialité
Sensibilité

INAPC

Nuit
Crescents
Perles
Argent
Signe du zodiaque : Cancer

NOTES PERSONNELLES

INTERPRÉTATION

La présence de cette carte vous invite à explorer vos propres flux et reflux émotionnels. Votre expérience interne n'est jamais statique : comme la Lune, elle est le reflet des circonstances et des conditions quotidiennes. Alors, comment vous sentez-vous ? Lorsque vous vous penchez sur votre intérieur, qu'est-ce que votre psyché – vos rêves, votre subconscient, votre voix intérieure – a à dire ? Parfois, ces vérités doivent être présentées publiquement, tout comme la magnanime Pleine Lune demande de l'attention. Mais en d'autres occasions, ces découvertes sont privées et personnelles, et la prise de conscience de ces expériences émotionnelles complexes se fait mieux dans l'intimité. Quelle que soit la façon dont vous choisissez d'exprimer votre monde intérieur, rappelez-vous que, même lorsque la Lune n'est pas visible, notre expérience psychologique est toujours présente. Honorer la Lune, c'est reconnaître son incroyable impact sur pratiquement tous les aspects de notre vie. Acceptez les fluctuations.

CARTE 4. MERCURE — CATÉGORIE COSMOS

MOTS-CLÉS

Communication
Contemplation
Discours
Logique

INAPC

Messages
Calendriers
Journaux
Transport
Signes
du zodiaque :
Gémeaux,
Vierge

NOTES PERSONNELLES

HISTOIRE

MERCURE EST LA PLANÈTE LA PLUS PROCHE du Soleil, et la plus petite des planètes rocheuses de la ceinture d'astéroïdes. Mercure tourne autour du Soleil – bouclant une orbite en seulement quatre-vingt-huit jours – et, de notre point de vue sur Terre, la planète semble reculer trois ou quatre fois par an, créant une illusion d'optique connue sous le nom de « Mercure rétrograde ». Bien que toutes les planètes (à l'exception des sommités que sont le Soleil et la Lune) aient des orbites rétrogrades, celle de Mercure est certainement la plus connue. Dans l'Antiquité classique, le Mercure romain était le messager divin, représentant les marins, les voyageurs, les transporteurs et même les voleurs (sa légende est dérivée de la divinité grecque Hermès). De même, Mercure est associé à la communication, à l'expression, au langage et aux affaires de l'esprit – il n'est donc pas surprenant que des problèmes surviennent lorsque les choses vont à l'envers. Dans la mythologie, Mercure est souvent représenté avec un casque ailé ou des sandales, portant une sacoche et/ou un bâton entrelacé de deux serpents appelé « caducée ». Le caducée de Mercure était utilisé pour guider les défunts dans le monde souterrain de Pluton ou, pour ceux qui étaient escortés par erreur, pour ramener les morts à la vie (cette propriété mystique explique

MOTS-CLÉS

Communication
Contemplation
Discours
Logique

INAPC

Messages
Calendriers
Journaux
Transport
Signes du zodiaque : Gémeaux, Vierge

NOTES PERSONNELLES

pourquoi le caducée représente également la santé et la médecine et figure souvent sur les hôpitaux et les ambulances). Appliquées au quotidien, les plus grandes forces de Mercure s'expriment à travers le pouvoir des mots.

INTERPRÉTATION

Cette carte vous implore de considérer l'impact de l'expression. Les pensées, les sentiments, les sensibilités – et même les rêves, les objectifs et les ambitions – peuvent fonctionner indépendamment de notre articulation, c'est pourquoi la présence de Mercure vous invite à vous concentrer exclusivement sur la transmission. Dites-vous vraiment ce que vous voulez dire ? Y a-t-il un décalage entre ce que vous voulez et ce que vous exprimez ? Peut-être avez-vous été indirect, en étoffant vos intentions avec des détails, des questions ou des qualifications. Si c'est le cas, la présence de Mercure vous incite à être plus direct : soyez clair, honnête et concret. Ou peut-être votre situation actuelle nécessite-t-elle un peu plus de finesse : comment votre dialogue peut-il être plus lyrique ? Persuasif ? Travailler avec Mercure, c'est reconnaître l'incroyable alchimie de la communication – en utilisant le bon message, même les défis les plus stressants peuvent se transformer en opportunités monumentales en un clin d'œil. C'est de la vraie magie.

CARTE 5. VÉNUS CATÉGORIE COSMOS

MOTS-CLÉS

Romance
Adoration
Engouement
Plaisir

INAPC

Parfum
Pâtisseries
Pétales de rose
Signes du zodiaque : Taureau, Balance

NOTES PERSONNELLES

HISTOIRE

COMPARÉE À LA PLANÈTE TERRE, Vénus est similaire en termes de taille, de masse, de densité et même de gravité. Mais Vénus est la planète la plus chaude du système solaire : son atmosphère sulfurique épaisse et dense retient la chaleur, ce qui fait grimper la température à la surface jusqu'à 471 degrés Celsius (880 degrés Fahrenheit) et crée un enfer étouffant. Pour certains, les conditions monstrueuses de Vénus peuvent être un peu surprenantes : de notre point de vue sur Terre, ce corps céleste illuminé a l'air magnifique. C'est d'ailleurs la planète la plus brillante du ciel. Cette exploration astronomique de Vénus est INAPC et reflète parfaitement l'histoire de son origine dans la mythologie gréco-romaine : lorsqu'Uranus, le dieu primordial du ciel, devint un tyran assoiffé de pouvoir, son fils Saturne utilisa une faux pour le castrer et jeta les organes génitaux d'Uranus dans l'océan. Des débris d'organes, de sang et de sperme est née une mousse visqueuse qui s'est transformée en Vénus, la déesse de l'amour, de la richesse et de la fertilité (Vénus est l'équivalent romain de la divinité grecque Aphrodite). L'archétype de Vénus reflète en effet les paradoxes de la romanisation. En astrologie, Vénus révèle notre version idéalisée de l'amour. Vénus symbolise notre perception de la beauté, ainsi que ce que les autres trouvent

CARTE 5. VÉNUS CATÉGORIE COSMOS

MOTS-CLÉS

Romance
Adoration
Engouement
Plaisir

INAPC

Parfum
Pâtisseries
Pétales de rose
Signes du zodiaque : Taureau, Balance

NOTES PERSONNELLES

magnétique en nous. Bien que ces désirs ne soient pas toujours viables (et encore moins réalistes), Vénus nous rappelle que la vie ne se résume pas toujours à nos besoins - parfois, nos désirs sont tout aussi importants.

INTERPRÉTATION

Lorsque la carte de Vénus apparaît, considérez votre relation avec le désir. Bien que l'amour et le sexe coexistent, l'énergie de Vénus n'est pas spécifiquement charnelle (la luxure est exprimée par Mars, la planète de l'action) ; les pulsions de Vénus concernent la beauté, l'opulence, la séduction et même l'esthétique. Si elle n'est pas contrôlée, l'énergie vénusienne peut certainement se manifester par la superficialité ou le matérialisme - peut-être la présence de cette carte vous implore-t-elle d'examiner le rôle que joue la vanité dans votre situation actuelle. Votre version idéalisée d'une dynamique obscurcit-elle votre capacité à accepter la vérité ? Par ailleurs, la présence de cette carte vous encourage à donner la priorité à vos sensibilités vénusiennes. Peut-être avez-vous trop privilégié la logique, le pragmatisme et la responsabilité, et l'apparition de Vénus dans cette carte vous rappelle que la vie ne se résume pas aux factures domestiques. Le plaisir est primordial.

CARTE 6. MARS — CATÉGORIE COSMOS

MOTS-CLÉS

Détermination
Ténacité
Volupté
Conduite

INAPC

Trophées
Voitures de sport
Vibrateurs
Acier
Signes du zodiaque : Bélier, Scorpion

NOTES PERSONNELLES

HISTOIRE

Y A-T-IL DE LA VIE SUR MARS ? Depuis des milliers d'années, l'humain est fasciné par cette insaisissable planète rouge, mais ce n'est qu'au cours des derniers siècles que la technologie a permis d'approfondir cette curiosité. Les missions vers Mars ont captivé notre attention dans les domaines de la science, de la littérature, du divertissement et même de la politique. Et dans la parfaite poésie qu'est INAPC, notre détermination à comprendre cette voisine céleste est une belle expression de l'archétype symbolique de Mars. Si Arès, le dieu de la guerre dans la Grèce antique, était dépeint comme violent et téméraire, Mars, son homologue romain, était un peu plus digne. Mars gouverne les conquêtes militaires, les batailles et les soldats, ainsi que l'innovation agricole et les agriculteurs. Mars est énergique, ambitieux et déterminé ; en astrologie, Mars dans notre thème natal révèle la façon dont nous trouvons la motivation, dont nous passons à l'action et dont nous agissons. De plus, comme le passage du froid au chaud précipite l'action, l'énergie et la vitalité, Mars est lié à l'équinoxe de printemps... et à la copulation correspondante des oiseaux et des abeilles. Mars gouverne toutes les questions liées à la force et est associé à la virilité, au charnel et à la luxure. Sur le plan physiologique, nous

CARTE 6. MARS CATÉGORIE COSMOS

MOTS-CLÉS

Détermination
Ténacité
Volupté
Conduite

INAPC

Trophées
Voitures de sport
Vibrateurs
Acier
Signes du zodiaque : Bélier, Scorpion

NOTES PERSONNELLES

ressentons l'énergie de Mars à travers les battements de notre cœur et le pompage de notre sang – c'est en effet l'essence de la vie sur Mars.

INTERPRÉTATION

Le voulez-vous vraiment ? Prouvez-le. Comme le veut la tradition martienne, cette carte se présente souvent sous la forme d'un défi. Mars est synonyme de dynamisme, de vigueur et de mouvement, donc si vous vous apitoyez sur votre sort, l'apparition de cette carte vous invite à vous dépasser. Quelles mesures pouvez-vous entreprendre, dès maintenant, pour vous rapprocher de votre objectif ? Comment pouvez-vous exploiter cette puissante vitalité innée qui brûle au plus profond de votre âme ; le magnétisme qui définit votre volonté, votre détermination et votre dynamisme ? Pouvez-vous l'augmenter, ne serait-ce que de quelques petits crans ? La réponse est peut-être non. Peut-être avez-vous déjà atteint votre capacité et la présence de cette carte reflète-t-elle exactement l'intensité de votre combat. Si vous avez brûlé la chandelle par les deux bouts, la carte Mars peut refléter votre épuisement pur et simple. Que vous vous appliquiez ou que vous vous rétractiez, cette carte parle de votre force innée. Il est temps de passer à l'action.

CARTE 7. JUPITER   CATÉGORIE COSMOS

MOTS-CLÉS

Chance
Opportunité
Indulgence
Optimisme

INAPC

Casinos
Bibliothèques
Billets
Temples
Signes du zodiaque : Sagittaire, Poissons

NOTES PERSONNELLES

HISTOIRE

LE PLUS GRAND EST-IL VRAIMENT LE MEILLEUR ? Lorsqu'il s'agit de Jupiter, tout porte à croire que oui. Plus grosse planète de notre système solaire, Jupiter joue un rôle majeur dans notre vie quotidienne. En fait, nous ne serions pas là sans cette énorme géante gazeuse. La taille gigantesque de Jupiter (elle est environ 318 fois plus grande que la Terre) exerce une attraction gravitationnelle monumentale qui empêche des millions d'astéroïdes de foncer vers le Soleil. Figés dans l'espace et le temps, ces débris restent suspendus entre Mars et Jupiter, créant une bande dense de roches connue sous le nom de « ceinture d'astéroïdes ». Le magnétisme bienveillant de Jupiter est un enjeu de taille... et c'est justement ce qui plaît à Jupiter. Jupiter, également connu sous le nom grec de Zeus, était le roi des dieux dans la mythologie romaine. Planète de l'expansion, Jupiter est associé à la chance, à la fortune et au destin. Jupiter reconnaît la relation entre le risque et la récompense et, de la même manière, cet archétype est prêt à s'investir dans le jeu. Qu'il s'agisse de s'afficher au casino, de réserver un vol international pour partir étudier une philosophie ésotérique dans une destination lointaine ou de verser un important acompte sur un gros investissement, la devise de Jupiter est toujours « vois grand ou laisse tomber ».

CARTE 7. JUPITER CATÉGORIE COSMOS

MOTS-CLÉS

Chance
Opportunité
Indulgence
Optimisme

INAPC

Casinos
Bibliothèques
Billets
Temples
Signes du zodiaque : Sagittaire, Poissons

NOTES PERSONNELLES

INTERPRÉTATION

La présence de Jupiter est signe de très bon augure : une nouvelle opportunité se présente peut-être à vous. Ou bien, si vous vous êtes senti en perte de repères et d'inspiration, l'apparition de Jupiter peut signifier un brillant moment d'*eurêka* qui vous permet d'envisager votre situation d'un point de vue totalement différent. Le champ d'action de Jupiter nous permet d'élargir nos horizons, et l'apparition de cette carte indique un grand potentiel. Mais attention : Jupiter ne connaît pas la modération, et cette carte peut donc aussi indiquer que certains comportements, idées ou compulsions sont devenus incontrôlables. En tant que planète massive, avec Jupiter tout est une question d'échelle : Jupiter amplifie tout ce qu'il touche, ce qui signifie que les circonstances dans lesquelles vous naviguez actuellement ont été élargies de façon exponentielle – peut-être même hors de proportion. Dans ce cas, la carte de Jupiter peut servir d'avertissement : en cas de doute, ralentissez. En fin de compte, il n'y a rien de plus viable que la modération.

CARTE 8. SATURNE CATÉGORIE COSMOS

MOTS-CLÉS

Engagement
Responsabilité
Restriction
Sagesse

INAPC

Rides
Râteaux
Horloges
Contrats
Signes du zodiaque : Capricorne, Verseau

NOTES PERSONNELLES

HISTOIRE

SATURNE N'EST PEUT-ÊTRE PAS LA PLUS GRANDE PLANÈTE du système solaire, mais c'est la plus stabilisatrice. En effet, l'immense attraction gravitationnelle de Saturne tire Jupiter, l'empêchant de se précipiter vers le Soleil (et de détruire la Terre au passage). Lointaine et insaisissable, l'existence de Saturne maintient l'équilibre cosmique, maintenant tous les autres corps célestes en place pour assurer leur viabilité à long terme. L'astronomie et l'astrologie s'entremêlant dans une parfaite harmonie INAPC, il n'est pas surprenant que Saturne soit l'essence même des limites, des restrictions et des responsabilités. Dans la mythologie, Saturne est associé à Chronos, la personnification du temps. L'orbite de Saturne est l'un des jalons les plus célèbres de l'astrologie : le retour de Saturne se produit environ tous les vingt-neuf ans, lorsque Saturne termine son long voyage autour du Soleil. Lors de ce retour, nous prenons conscience qu'il est de notre seule responsabilité d'actualiser notre potentiel... et que le temps presse. En effet, le symbolisme de Saturne nous enseigne des leçons puissantes sur le travail acharné, la responsabilité et – peut-être le plus essentiel – l'importance du moment présent.

CARTE 8. SATURNE CATÉGORIE COSMOS

MOTS-CLÉS

Engagement
Responsabilité
Restriction
Sagesse

INAPC

Rides
Râteaux
Horloges
Contrats
Signes
du zodiaque :
Capricorne,
Verseau

NOTES PERSONNELLES

INTERPRÉTATION

Oh, vous aviez prévu de prendre un raccourci ? Saturne n'est pas de cet avis. Lorsque cette carte apparaît, il est temps de passer aux choses sérieuses. Dans ce jeu, la carte de Saturne symbolise la maturité, la responsabilité et l'engagement. Oubliez les jérémiades, les plaintes ou l'apitoiement sur votre sort : l'approche dure de Saturne dit : « C'est comme ça ». Cela vous semble-t-il un peu dur ? C'est là tout l'intérêt ! D'un point de vue symbolique, la fonction de Saturne est le stoïcisme froid : Saturne vous demande d'observer la réalité de votre situation – aussi décevante ou frustrante soit-elle – et de l'accepter telle quelle, en reconnaissant toutes les épines, les imperfections et les échecs. La vie n'est pas facile... mais que faire maintenant ? Les angles sévères de Saturne contiennent des thèmes de patience, de sagesse et d'accomplissement authentique. Oui, pour créer quelque chose de véritablement durable, vous devrez surmonter des obstacles impossibles à surmonter, mais pour l'instant, la présence de Saturne est un feu vert de l'univers. Tant que vous êtes prêt à travailler, vous avez absolument ce qu'il faut pour récolter les récompenses les plus gratifiantes.

CARTE 9. URANUS — CATÉGORIE COSMOS

MOTS-CLÉS

Révolution
Innovation
Choc
Brillance

INAPC

Foudre
Tremblements de terre
Réseaux sociaux
Tatouages
Signe du zodiaque : Verseau

NOTES PERSONNELLES

HISTOIRE

URANUS EST UNE VRAIE CURIOSITÉ, et pas seulement parce qu'elle est l'objet de toutes les plaisanteries. Uranus a été la première planète repérée à l'aide d'un télescope, ce fut une avancée scientifique monumentale qui correspondait aux progrès technologiques du XVIIIe siècle. En outre, Uranus est la seule planète portant le nom d'un dieu grec (et non d'une divinité romaine), et elle est tellement inclinée sur son axe – un angle stupéfiant de 97,77 degrés – qu'elle orbite essentiellement de côté. Ces caractéristiques excentriques reflètent parfaitement sa signification symbolique : d'un point de vue astrologique, Uranus représente la technologie, la rébellion, l'innovation et le génie brut. Figée et distante, Uranus ne se préoccupe pas des tâches et des responsabilités quotidiennes – l'énergie uranienne a une vision globale, à long terme et à grande échelle. Détachée et dépourvue d'émotions, la devise d'Uranus est « Hé, ça n'a rien de personnel ». En effet, cette planète révolutionnaire rejette la conformité à tout prix : liberté de penser et refus des conventions : Uranus choisira toujours le chaos plutôt que la structure. Bien que l'énergie uranienne puisse être orientée vers la destruction (dans certaines branches de l'astrologie, Uranus est associé à des catastrophes naturelles telles que les tremblements de terre et les

CARTE 9. URANUS CATÉGORIE COSMOS

tornades), la motivation principale d'Uranus est le progrès. Fondamentalement, Uranus est tournée vers l'avenir.

MOTS-CLÉS

Révolution
Innovation
Choc
Brillance

INAPC

Foudre
Tremblements de terre
Réseaux sociaux
Tatouages
Signe du zodiaque : Verseau

NOTES PERSONNELLES

INTERPRÉTATION

Lorsque vous rencontrerez Uranus dans ce jeu, pensez à faire un pas en arrière. Puis un autre. Et encore un autre. Tout comme le géant de glace aux confins de notre système solaire, vous aurez besoin d'une certaine perspective. Uranus exige une vue acérée, et de même, la carte Uranus de ce jeu indique le besoin d'élargir votre point de vue afin de propulser un changement radical. Peut-être êtes-vous un peu coincé, étouffé voire ennuyé ? Les mêmes vieilles routines, les mêmes horaires et les mêmes conversations vous donnent l'impression d'être pris au piège. Heureusement, Uranus vous rappelle qu'en un instant, tout peut changer. De même, la présence d'Uranus peut indiquer qu'un changement massif et cataclysmique se profile à l'horizon – préparez-vous à un bouleversement majeur. Par ailleurs, la carte d'Uranus peut également suggérer que, pour exploiter votre lumière, vous devez sortir de votre zone de confort et bousculer les choses. Bien sûr, vous risquez de froisser quelques plumes, mais vous savez ce qu'on dit : les gens bien élevés font rarement l'histoire. N'ayez pas peur de faire remuer les choses.

CARTE 10. NEPTUNE — CATÉGORIE COSMOS

MOTS-CLÉS

Illusion
Exception
Évasion
Fantasy

INAPC

Vapeur
Poésie
Pilules
Sirènes
Signe du zodiaque : Poissons

NOTES PERSONNELLES

HISTOIRE

SITUÉE À PLUS D'UN MILLIARD DE KILOMÈTRES DU SOLEIL, Neptune est vraiment extraordinaire : elle n'a pas de surface solide, mais plutôt une atmosphère épaisse (que l'on croit composée d'hydrogène, d'hélium et de méthane) qui encapsule un mix brûlant de matériaux « glacés » (eau, méthane, ammoniac) – des conditions bizarres et contradictoires qui s'alignent parfaitement sur notre interprétation astrologique du corps céleste. Neptune symbolise l'illusion et la profondeur psychique. En fait, l'existence de Neptune a été prédite avant même qu'elle ne soit découverte, ce qui renforce le lien étrange de cette planète entre le fantasme et la réalité. Nommé d'après le dieu romain de la mer (Poséidon en grec), Neptune règne sur un royaume souterrain, où tout est immergé dans l'eau et où rien n'est tout à fait ce qu'il semble être. Neptune gouverne les rêves, les pouvoirs psychiques et les activités créatives, en particulier la photographie, le cinéma et le divertissement. Les thèmes du glamour et de la célébrité sont intégrés dans la magie enchanteresse de Neptune, mais la célébrité peut avoir un coût. Le brouillard dense de Neptune est également associé à l'idéalisation, à la confusion, à l'évasion, à la dépendance et à l'autodestruction. Bien que le brouillard séduisant de

MOTS-CLÉS

Illusion
Exception
Évasion
Fantasy

INAPC

Vapeur
Poésie
Pilules
Sirènes
Signe du zodiaque : Poissons

NOTES PERSONNELLES

Neptune puisse nous transporter dans d'autres dimensions – nous permettant de transcender le quotidien – nous devons nous ancrer fermement dans la vérité, sinon la réalité peut devenir aussi éphémère que la fumée et les miroirs.

INTERPRÉTATION

Lorsque Neptune apparaît, vous êtes encouragé à plonger dans les profondeurs de votre esprit créatif, pour en extraire de puissantes expressions artistiques, musicales et poétiques. Neptune parle au subconscient, aux visions et au mysticisme inné – cette carte vous invite à devenir votre propre muse. Que vous faudrait-il pour vivre la vie que vous avez reléguée au sein de vos fantasmes ? Qui devriez-vous devenir ? Cette carte vous demande de tracer la distance entre votre réalité actuelle et vos rêves les plus fous. Mais la frontière entre perception et tromperie est ténue – de même, cette carte peut aussi vous mettre en garde. Peut-être vous perdez-vous dans une idéalisation romantique ? Ou peut-être évitez-vous des réalités douloureuses en vous réfugiant dans des tendances à l'évasion ; Neptune peut refléter la consommation de substances ou un comportement addictif. N'oubliez pas que Neptune est à l'intersection des domaines physique et astral – si vous vous retrouvez à dériver trop loin dans ce dernier, assurez-vous de retrouver vos marques.

CARTE 11. PLUTON — CATÉGORIE COSMOS

MOTS-CLÉS

Transformation
Bouleversements
Intensité
Renaissance

INAPC

Pétrole
Vermine
Liquidation
Diamants
Signe du zodiaque : Poissons

NOTES PERSONNELLES

HISTOIRE

EN 1930, LES SCIENTIFIQUES DÉCOUVRENT un petit corps céleste rocheux situé à environ 3,9 milliards de kilomètres du Soleil. Tellement éloigné et fascinant par sa taille, ce corps céleste a été baptisé Pluton, du nom du dieu romain des enfers (Hadès étant l'équivalent grec). Bien que le titre de Pluton en tant que neuvième planète de notre système solaire ait été révoqué depuis (Pluton a été classée comme « planète naine » en 2006), sa signification dans la communauté astrologique reste profonde. Comme son homonyme mythologique, Pluton est censé régir les secrets, les informations clandestines et les métaphores monumentales vécues au cours d'une vie. Intensément puissant, Pluton perce le centre, déterrant des vérités enfouies profondément sous la surface. Accéder à ces domaines souterrains n'est pas une mince affaire – de même, le royaume de Pluton comprend la mort, le sexe et l'occultisme. Ce corps céleste séduisant peut naviguer même dans les réseaux les plus complexes, détruisant tranquillement les systèmes de l'intérieur. Pluton n'a pas peur de la démolition... mais il y a une méthode dans la folie. Étroitement associé au phénix, l'oiseau mythologique qui renaît de ses cendres, Pluton nous invite à explorer les possibilités illimitées du renouveau et de la renaissance.

CARTE 11. PLUTON CATÉGORIE COSMOS

MOTS-CLÉS

Transformation
Bouleversements
Intensité
Renaissance

INAPC

Pétrole
Vermine
Liquidation
Diamants
Signe du zodiaque : Poissons

NOTES PERSONNELLES

D'ailleurs, la meilleure façon de naviguer dans l'énergie plutonienne est de s'abandonner.

◈ INTERPRÉTATION ◈

Pluton signale une transformation cataclysmique. Sa présence reflète peut-être votre situation actuelle : vous avez déjà commencé à démanteler l'infrastructure, et cette carte reflète la profondeur de cette expérience de changement de vie. Après tout, Pluton n'est ni une fin ni un début, c'est un processus. D'autre part, cette carte peut indiquer que vous avez besoin d'aller plus loin. Peut-être vous êtes-vous accroché à un statu quo existant, effrayé par ce que vous alliez découvrir. Il est important de se rappeler, cependant, que détourner les yeux n'est pas la même chose que réparer les dégâts – si quelque chose est cassé, il le restera jusqu'à ce qu'il soit réparé. Pluton vous invite à respirer profondément et à descendre au sous-sol. Certes, ce n'est pas très joli – les caves poussiéreuses sont remplies d'équipements encombrants et de rangements inesthétiques – mais ces machines, ces panneaux de contrôle et ces leviers sont le cœur de la maison. Et l'entretien est obligatoire. Avec Pluton à vos côtés, vous êtes armé de stratégie, de courage et de la magie de la régénération. N'ayez pas peur d'appuyer sur le commutateur.

NATURE

CARTES 12 À 22

LA CATÉGORIE NATURE contient des signes, des symboles et des synchronicités de la matière organique, y compris des éléments, des plantes, des animaux, des conditions météorologiques et des matières premières. Les cartes de cette section peuvent être animées par des activités de plein air, des conditions environnementales et/ou des expériences quotidiennes avec la flore et la faune. Cette catégorie renforce également le lien avec l'essence spirituelle de la « Terre Mère » qui existe dans toutes les cultures. Cette catégorie invite à une prise de conscience et à une sensibilité plus profondes à l'égard des autres espèces et entités qui cohabitent sur cette planète.

EXEMPLE : La carte des Oiseaux est associée aux messages, à la guidance et à la confiance. Ces concepts existent indépendamment de l'espèce, mais seront amplifiés si ou quand vous rencontrez un oiseau (ou une plume ou un nid) durant votre journée.

NATURE

12.

FEU

NATURE

13.

TERRE

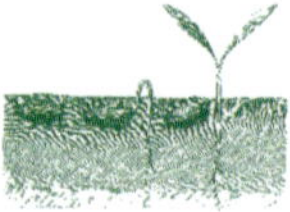

NATURE

16.

ARBRES

NATURE

17.

FLEURS

NATURE

14.

AIR

NATURE

15.

EAU

NATURE

18.

INSECTES

NATURE

19.

OISEAUX

NATURE

20.

ANIMAUX

NATURE

21.

BROUILLARD

NATURE

22.

PIERRES

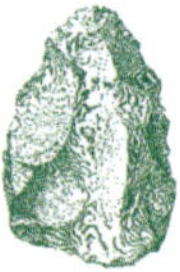

CARTE 12. FEU CATÉGORIE NATURE

MOTS-CLÉS

Passion
Vigueur
Élan
Insouciance

INAPC

Bougies
Allumettes
Cheminées
Poêles
Signes du zodiaque : Bélier, Lion, Sagittaire

NOTES PERSONNELLES

HISTOIRE

LE FEU EST UNE FORCE DE L'ESPRIT, DE L'ANIMATION ET DU DYNAMISME. La mythologie associe la naissance de la conscience à la fabrication du feu ; notre capacité à créer, contrôler et gérer les flammes définit notre humanité. Le feu offre lumière, chaleur et protection ; il détoxifie et purifie les aliments, permet de démarrer les machines et même de voir dans les nuits les plus sombres. Cet élément naturellement électrique incarne un potentiel provocateur : il stimule la création artistique, l'invention scientifique et même l'activisme révolutionnaire. Mais le feu est intrinsèquement sauvage. Le feu traverse les paysages avec une force considérable, transformant instantanément des pâturages bucoliques en brasiers fumants. La chaleur torride, les cendres suffocantes et la fumée nocive sont les sous-produits de la fureur inégalée du feu. Mais des décombres fumants émergent de nouvelles possibilités : la vie reprend son cours.

INTERPRÉTATION

Lorsque cette carte apparaît, faites l'inventaire des flammes dans votre vie. Peut-être êtes-vous sur le point de faire une percée monumentale – si c'est le cas, cette carte est une invitation à enflammer l'allumette pour un démarrage guidé

CARTE 12. FEU CATÉGORIE NATURE

MOTS-CLÉS

Passion
Vigueur
Élan
Insouciance

INAPC

Bougies
Allumettes
Cheminées
Poêles
Signes du zodiaque : Bélier, Lion, Sagittaire

NOTES PERSONNELLES

par le cœur. Allumez la flamme, nourrissez-la pour qu'elle passe d'une petite étincelle à un feu rugissant et autosuffisant. La présence de cette carte peut également constituer un avertissement : des systèmes ou des circonstances sont devenus insurmontables. Avez-vous besoin d'utiliser les autres éléments – eau, sable, dioxyde de carbone – pour désamorcer la situation ? Ou peut-être cette dernière doit-elle brûler. Dans ces moments-là, la meilleure solution est la régénération. Il faut laisser le feu grésiller, fumer et, finalement, s'élever à nouveau. Après tout, le feu est à la fois la fin et le début de toutes les histoires de création.

CARTE 13. TERRE — CATÉGORIE NATURE

MOTS-CLÉS

Stabilité
Matérialité
Rigidité
Sécurité

INAPC

Terre
Feuilles
Bois
Montagnes
Signes du zodiaque : Taureau, Vierge, Capricorne

NOTES PERSONNELLES

HISTOIRE

DANS LES TRADITIONS ALCHIMIQUES, la Terre est l'un des quatre éléments primaires, représentant toutes les matières terrestres. La Terre évoque la nature, en particulier la flore et la faune organiques des divers paysages de cette planète. Ce sont les pins. Ce sont les vignes. C'est le lierre qui serpente le long d'un vieux lampadaire. Bien sûr, ces expressions identifiables de la Terre existent en surface, mais la Terre existe aussi en profondeur, dans le sol, les racines et le mycélium. Tandis que les feuilles s'étirent vers le soleil, les vrilles s'étendent sous la surface, à la recherche de nutriments souterrains, et ancrent la végétation grâce à une ingénierie solide. En effet, la Terre est également représentée sous la forme de structures non organiques, y compris les choses matérielles, les structures architecturales et la monnaie. La Terre se manifeste à travers le concept de possession, qui, s'il n'est pas régulé, peut aussi se manifester par la thésaurisation. La Terre nous rappelle que, dans la nature, rien n'est jamais vraiment possédé, mais seulement emprunté et remboursé. Il n'y a pas de distinction entre le bourgeon qui germe et la feuille qui pourrit – toute la matière coexiste harmonieusement. En effet, la Terre représente la stabilité, la structure et la sécurité dans le monde pratique et physique.

CARTE 13. TERRE **CATÉGORIE** NATURE

MOTS-CLÉS

Stabilité
Matérialité
Rigidité
Sécurité

INAPC

Terre
Feuilles
Bois
Montagnes
Signes du zodiaque :
Taureau, Vierge, Capricorne

NOTES PERSONNELLES

INTERPRÉTATION

Que possédez-vous ? Que voulez-vous ? Comment allez-vous l'obtenir ? Les pratiques métaphysiques nous apprennent à susciter la passion pour enflammer la créativité, à penser de manière abstraite pour générer de nouvelles idées et à explorer nos émotions les plus profondes pour affiner l'intuition extrasensorielle. Mais intégrer ces compétences dans la vie quotidienne est une tout autre histoire. Quelle que soit votre habileté à naviguer dans le royaume astral non physique – le domaine des souhaits, des esprits et des synchronicités – vous êtes, pour le meilleur ou pour le pire, un produit de la nature qui a besoin de nutriments, d'un abri et d'un soutien. De même, la carte de la Terre nous oblige à nous connecter au domaine physique – nourriture, ressources, mouvement – pour nous assurer que nous sommes à la fois présents et fermement ancrés. Par ailleurs, la présence de cette carte peut également signaler un excès d'entêtement, d'obstination ou même d'avidité. La carte de la Terre vous oblige à baisser les épaules, à desserrer la mâchoire et à sentir le sol sous vos pieds. Vous êtes ici. Vous êtes vivant. Maintenant, demandez-vous à nouveau de quoi vous avez **vraiment** besoin.

CARTE 14. AIR CATÉGORIE NATURE

MOTS-CLÉS

Pensées
Réseaux
Nerfs
Connexions

INAPC

Wi-Fi
Puzzles
Vent
Brouillard
Signes du zodiaque : Gémeaux, Balance, Verseau

NOTES PERSONNELLES

HISTOIRE

DANS DE NOMBREUSES CULTURES ANCIENNES, l'air avait une grande responsabilité : il était le contrefort invisible qui séparait consciencieusement la terre du ciel, soutenant les cieux pour s'assurer qu'ils ne s'écrasent pas sur notre planète mortelle. De plus, cette matière informe servait de conducteur, transmettant des messages entre les royaumes : prières, ordres, punitions, bénédictions. Le mysticisme moderne confirme cette mythologie primitive : l'air est le canal, le médiateur, le conduit. L'air nous permet de transférer des informations d'un endroit à un autre, avec une rapidité accrue grâce aux brises légères et aux rafales de vent. Littéralement, l'air est l'atmosphère : c'est la matière solide évaporée, distillée et vaporisée, c'est l'empreinte invisible de la réalité. De même, l'air est associé à l'esprit et à la manière dont nous traitons les informations, tant sur le plan interpersonnel qu'intellectuel. L'air est cérébral, cognitif et omniscient, et évoque la façon dont les données complexes sont métabolisées par les pensées, les idées et les systèmes de croyance. Contrairement aux autres éléments, la nature informe de l'air lui permet de transcender les circonstances. Mais l'air statique peut devenir nocif – tel une boîte de Pétri[1]

1. Boîte cylindrique, transparente et peu profonde utilisée en microbiologie pour la culture de micro-organismes.

CARTE 14. AIR CATÉGORIE NATURE

MOTS-CLÉS

Pensées
Réseaux
Nerfs
Connexions

INAPC

Wi-Fi
Puzzles
Vent
Brouillard
Signes du zodiaque : Gémeaux, Balance, Verseau

NOTES PERSONNELLES

pour les virus, les stratégies et les idéologies dépassées. Ce n'est pas pour rien que l'on nous demande souvent de « prendre l'air » : la circulation fait partie intégrante de la compréhension.

INTERPRÉTATION

La carte de l'air inspire la réflexion. Lorsque cette carte apparaît, prenez le temps de réfléchir à votre point de vue et à la manière dont vous exprimez vos idées. Faites-vous preuve de justesse, d'équilibre et d'ouverture d'esprit ? Si c'est le cas, la présence de la carte de l'air confirme vraisemblablement votre capacité à cultiver des solutions créatives dans des circonstances compliquées. Votre capacité à vous élever au-dessus du chaos – en décomposant la situation en ses plus petites molécules – vous permettra de communiquer vos vérités innées. Ou peut-être avez-vous besoin d'un peu d'air. Que vous ouvriez une fenêtre, que vous sortiez marcher d'un bon pas ou que vous changiez simplement de pièce, la carte Air vous indique qu'il est nécessaire de changer d'environnement. L'air, c'est l'ambiance, donc si vous avez l'impression d'étouffer ou de suffoquer, la meilleure solution est peut-être de changer de décor.

CARTE 15. EAU CATÉGORIE NATURE

MOTS-CLÉS

Émotions
Déluge
Abandon
Clairvoyance

INAPC

Pluie
Robinets
Larmes
Océans
Signes du zodiaque : Cancer, Scorpion, Poissons

NOTES PERSONNELLES

HISTOIRE

QUE VOUS POSIEZ VOS PIEDS sur un rocher moussu, prêt à sauter dans un ruisseau frais en plein été, ou que vous soyez recroquevillé en position fœtale, poussant des hurlements du plus profond de votre être, la question reste la même : « À quel point est-ce profond ? » En effet, le lien entre l'eau et la psyché est si fort – si profondément interconnecté – que les deux peuvent être des expressions tangibles et intangibles de la même matière. Bien sûr, tout comme il existe différentes façons d'explorer les émotions, l'eau a une myriade de formes, y compris les contours du récipient qu'elle occupe. Il y a la sensibilité ludique du rivage, le battement capricieux des marées qui font rouler l'écume, les bulles et les cailloux sur le littoral. Il y a la poussée insatiable des rivières : des systèmes puissants qui pompent la vie en amont et en aval, reflétant le mouvement de nos propres veines et artères. Et, bien sûr, il y a les océans, d'une puissance et d'un mystère inégalés. À des milliers de kilomètres sous la surface de la Terre, des écosystèmes souterrains prospèrent dans des paysages à haute pression, dépourvus de soleil, de chaleur ou d'air. Peut-être cela existe-t-il aussi en chacun de nous : des vérités incompréhensibles qui, de temps à autre, nous traversent comme des vagues.

CARTE 15. EAU CATÉGORIE NATURE

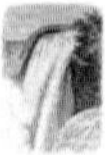

MOTS-CLÉS

Émotions
Déluge
Abandon
Clairvoyance

INAPC

Pluie
Robinets
Larmes
Océans
Signes
du zodiaque :
Cancer, Scorpion,
Poissons

NOTES PERSONNELLES

INTERPRÉTATION

La carte de l'eau vous demande de vous connecter à votre expérience intérieure. En acceptant l'axiome métaphysique « ce qui est en haut est en bas », nous pouvons supposer que l'eau la plus profonde vit également dans notre psyché. Décrire le domaine illimité du subconscient qui stocke l'intégralité de votre existence - toutes les conversations que vous avez eues, tous les inconnus que vous avez croisés, toutes les déceptions que vous avez vécues - est aussi difficile que vouloir sonder la mer la plus profonde. Ou les planètes les plus éloignées. Ou le sens de la vie. La carte de l'Eau vous invite donc à sortir du domaine logique et intellectuel pour vous plonger dans vos expériences extrasensorielles. Que ressentez-vous ? Qu'éprouvez-vous ? Dans quelle ambiance évoluez-vous ? Les réponses que vous cherchez se trouvent à l'intérieur de vous, c'est pourquoi l'apparition de cette carte sublimement mystique exige une réflexion intérieure. Oui, l'intensité de vos émotions peut être intimidante, mais tout comme les poissons des profondeurs ont évolué avec l'apparition de la bioluminescence, votre connaissance divine est une lanterne rayonnante. N'hésitez pas. Nagez.

CARTE 16. ARBRES CATÉGORIE NATURE

MOTS-CLÉS

Permanence
Racines
Grandeur
Présence

INAPC

Chêne
Érable
Pin
Figuier
Palmier

NOTES PERSONNELLES

HISTOIRE

TOUT COMME L'EAU EST UN ÉLÉMENT ESSENTIEL DE LA VIE, les arbres - primitifs, majestueux et poétiquement impermanents - étaient littéralement les éléments constitutifs de l'existence terrestre. Des millions de créatures dépendent de la générosité des arbres pour s'abriter, se nourrir et, bien sûr, respirer. Grâce à un rythme véritablement miraculeux, que l'on peut décrire comme « INAPC », les arbres inhalent le dioxyde de carbone que les mammifères exhalent, tout en exhalant l'oxygène que les mammifères inhalent. Cette boucle de rétroaction est tout simplement extraordinaire, un seul arbre étant capable d'entretenir la vie pendant des centaines, voire des milliers de générations. Au Nevada, un arbre surnommé « Prometheus » était considéré comme âgé d'environ cinq mille ans, ce qui en faisait le plus vieil organisme vivant connu, avant d'être abattu par un étudiant muni d'une tronçonneuse en 1964. En effet, malgré la capacité innée des arbres à supporter les incendies, les inondations, les sécheresses et une myriade de catastrophes naturelles incompréhensibles, il semble que l'espèce humaine soit la plus grande ennemie des arbres. Mais peut-être les arbres ont-ils déjà tout vu - après tout, ces sages cohabitants de la terre mesurent les secondes en siècles. De notre

CARTE 16. ARBRES CATÉGORIE NATURE

MOTS-CLÉS

Permanence
Racines
Grandeur
Présence

INAPC

Chêne
Érable
Pin
Figuier
Palmier

NOTES PERSONNELLES

point de vue, les arbres sont un symbole d'endurance, de sagesse et d'humilité.

INTERPRÉTATION

Cette carte offre une vision unique, mesurée à la fois en profondeur (comme les racines tordues et complexes d'un vieil orme) et en hauteur (comme la stature époustouflante d'un pin imposant). Lorsque cette carte apparaît, elle peut vous obliger à bouger littéralement et physiquement : autorisez-vous à vous éloigner de vos tâches quotidiennes et de votre routine pour vous connecter à la nature. Asseyez-vous sous un bouleau et contemplez les motifs de son tronc qui s'écaille. Contemplez un érable et observez le dégradé de tons de ses feuilles à mesure que les saisons changent et que le vent souffle à travers les branches. Ou encore, cueillez un gland tombé dans l'herbe et considérez que cette minuscule graine renferme l'ensemble d'un puissant chêne. De la même manière, cette carte vous demande d'élargir votre perspective du futur immédiat à la liberté à long terme... puis de revenir au moment présent. Coexister avec les arbres – qu'y a-t-il de plus divin ?

CARTE 17. FLEURS CATÉGORIE NATURE

MOTS-CLÉS

Jeunesse
Excitation
Caractère éphémère
Jeu

INAPC

Roses
Marguerites
Jonquilles
Tulipes
Hibiscus

NOTES PERSONNELLES

HISTOIRE

DÉCORATIVES, SENSUELLES, ÉPHÉMÈRES ET AUX PROPRIÉTÉS MÉDICINALES, les fleurs sont de brillantes expressions de la magie. Elles sont les messagères du printemps. Après la longue monotonie de tous ces mois de froid, de neige, de silence et d'obscurité, le soleil commence enfin à darder ses rayons – il se lève plus tôt, se couche plus tard, couvrant de chaleur la surface absorbante de la Terre. Et, un jour, ils apparaissent. Les perce-neige et les crocus violets, apparemment délicats, font preuve d'un courage extraordinaire, poussant à travers le dégel et apportant la possibilité d'une renaissance et d'un renouveau. Peu après suivent les jonquilles et les tulipes et, à mesure que la présence du soleil s'intensifie, les prairies se parent d'éclats de fleurs colorées et parfumées de toutes les formes et de toutes les tailles. Mais cette abondance n'est pas réservée aux champs sauvages et aux jardins naturels – même dans les jungles de béton, des fleurs intrépides percent les trottoirs et grimpent le long des murs de briques. L'incroyable ténacité des fleurs évoque un besoin symbolique que l'on retrouve également chez l'humain : le désir. Lorsque les pétales s'ouvrent, révélant les parties reproductrices de la plante, les fleurs séduisent les insectes et les animaux par leurs teintes et leurs arômes, assurant ainsi la pollinisation croisée et la propagation

CARTE 17. FLEURS CATÉGORIE NATURE

MOTS-CLÉS

Jeunesse
Excitation
Caractère éphémère
Jeu

INAPC

Roses
Marguerites
Jonquilles
Tulipes
Hibiscus

NOTES PERSONNELLES

ultérieure de l'espèce. Mais cette soif de vie est une course contre la montre, car même les fleurs les plus robustes ne survivent que quelques semaines. En effet, l'attrait pour les fleurs est peut-être lié à leur disparition inévitable, et nous pouvons peut-être tous nous identifier à l'allégorie douce-amère des fleurs.

INTERPRÉTATION

Lorsque la carte de la fleur apparaît, c'est qu'une opportunité intéressante s'offre à vous – mais vous devez agir vite ! Tout comme la fleur, vous ne disposez que d'une petite fenêtre de temps. La présence de cette carte peut indiquer que vous devez demander une promotion à votre supérieur avant l'examen annuel du budget. Ou encore, si vous attendez le moment idéal pour partager avec le monde une initiative créative passionnante, la carte de la fleur signifie que le moment est venu ; saisissez-le. Dans un contexte romantique, la carte fleur vous oblige à dire votre vérité, à inviter votre béguin à un rendez-vous ou même à déclarer votre amour. Fondamentalement, la carte de la fleur dans ce jeu illumine la sublime fortuité qui vient avec le courage, la confiance et la passion. Alors, même si vous avez du mal à trouver la motivation, rappelez-vous que les fleurs poussent dans les endroits les plus impossibles – n'ayez pas peur de fleurir !

CARTE 18. INSECTES — CATÉGORIE NATURE

MOTS-CLÉS

Instinct
Réaction
Impulsion
Surprise

INAPC

Papillons
Araignées
Cafards
Coléoptères
Vers

NOTES PERSONNELLES

HISTOIRE

PENSEZ RAPIDEMENT À UN INSECTE. Quelle est la première créature qui vous vient à l'esprit ? Est-ce un papillon majestueux, avec ses grandes ailes ambrées et son vol gracieux ? Peut-être s'agit-il d'une luciole éthérée – des lanternes bioluminescentes flottantes qui émergent lors des douces nuits d'été ? Ou peut-être est-ce une araignée : de mystérieuses créatures à huit pattes qui oscillent entre protecteurs et prédateurs ? L'humain a identifié près d'un million d'espèces d'insectes uniques, mais on estime qu'il pourrait y en avoir jusqu'à dix millions qui vivent actuellement sur la planète Terre. Les insectes varient en taille, en forme et en comportement, mais à un niveau symbolique, ces créatures nous relient à une sensibilité brute, sans fioritures, nous ramenant à nos instincts et à nos comportements animaliers les plus profonds. Pour beaucoup, la vue d'un cafard provoque automatiquement le dégoût et l'anxiété, tandis que la présence d'une guêpe bourdonnante déclenche instantanément la lutte, la fuite ou l'immobilisation. Bien que nous dominions la plupart des insectes, nous sommes humbles face à ces créatures omniprésentes et primordiales qui, de temps à autre, infestent sans vergogne nos maisons et notre esprit.

CARTE 18. INSECTES CATÉGORIE NATURE

MOTS-CLÉS

Instinct
Réaction
Impulsion
Surprise

INAPC

Papillons
Araignées
Cafards
Coléoptères
Vers

NOTES PERSONNELLES

INTERPRÉTATION

La carte de l'insecte concerne les réactions spontanées, la réponse innée. Tout comme notre corps réagit physiologiquement aux piqûres d'insectes – certains d'entre nous (y compris moi-même) sont plus allergiques que d'autres – les insectes suscitent des émotions et des comportements bruts. En effet, même la personne la plus résistante peut revenir à un état proche de celui d'un enfant, c'est-à-dire se mettre à pleurer, à courir, à paniquer, lorsqu'elle est encerclée par une étrange forme jaunâtre. De même, cette carte vous invite à puiser dans vos émotions brutes, vos sensibilités et vos pulsions. Donnez-vous la permission d'explorer au-delà des subtilités sociales, des attentes et des formalités. Il s'agit de vous connecter à votre nature innée, d'honorer vos réactions et réponses fondamentales en vous alignant sur vos sensations primordiales. Sortez de votre intellect et connectez-vous à votre corps – la carte de l'insecte accueille l'humilité, la vulnérabilité et l'expression brute.

CARTE 19. OISEAUX — CATÉGORIE NATURE

MOTS-CLÉS

Guidance
Liberté
Confiance

INAPC

Pigeons
Éperviers
Mouettes
Hiboux
Cardinaux

NOTES PERSONNELLES

HISTOIRE

L'AUTRE JOUR, AU COURS DU PETIT-DÉJEUNER, j'ai raconté à mon compagnon, Luke, ma dernière visite à ma grand-mère dans sa maison de retraite. Je lui ai fait part de mes observations et de la douleur aiguë de voir sa démence progresser si rapidement, tout en sachant qu'il n'y a pas de retour en arrière possible. Je me suis mise à pleurer ; mes joues ont rougi et des larmes brûlantes ont envahi mes yeux. Mais au moment précis où j'ai senti une spirale commencer à tourbillonner dans ma poitrine – mon premier symptôme physiologique d'une crise de panique – une mouette massive aux ailes noires si reconnaissables s'est soudain posée sur l'une des chaises vides autour de la table. Elle a penché la tête et m'a regardé fixement. Je l'ai regardée en retour. Et tandis que nous étions là, à nous regarder l'une l'autre, mon rythme cardiaque a ralenti et la sirène de l'anxiété a commencé à s'apaiser. Les oiseaux sont des messagers spirituels et, dès qu'il est apparu, j'ai immédiatement su qui était l'expéditeur : mon grand-père, décédé en 2006. Il voulait que je sache que je n'avais rien à craindre, que ma grand-mère était en sécurité et que ma famille serait toujours avec moi, dans toutes les dimensions. Il voulait que je sache que, lorsque le moment serait venu pour elle de faire la transition, il s'occuperait bien d'elle. Cet amour transcende le temps, l'espace et la mortalité.

CARTE 19. OISEAUX CATÉGORIE NATURE

MOTS-CLÉS

Guidance
Liberté
Confiance

INAPC

Pigeons
Éperviers
Mouettes
Hiboux
Cardinaux

NOTES PERSONNELLES

INTERPRÉTATION

Lorsque cette carte apparaît, trouvez les oiseaux. Descendants des dinosaures, les oiseaux font partie des créatures les plus anciennes de la planète. Certaines espèces d'oiseaux, comme le vautour fauve d'Afrique de l'Est, peuvent voler jusqu'à plus de 10 000 mètres au-dessus de la surface de la Terre, soit l'altitude d'un avion commercial. Mais ce n'est pas leur seul talent exceptionnel : les oiseaux sont aussi des chanteurs extraordinaires. Leur chant ancestral et évolutif, qui signale la lumière du jour, les changements de saison, les prévisions météorologiques et même les catastrophes naturelles, sert de réveil (et parfois d'alerte) à l'ensemble du règne animal. Et il est indéniablement splendide de pouvoir observer une buse aux larges ailes s'élever au-dessus des arbres. Ou d'apercevoir le plumage flamboyant d'un cardinal par une sombre journée d'hiver. Mais la nouveauté n'est pas une mesure de la signification symbolique : même les oiseaux les plus communs – pigeons, moineaux, mouettes, rouges-gorges, étourneaux – sont des créatures mystiques divines qui transmettent des messages entre les royaumes. Lorsque cette carte apparaît, il faut se mettre à l'écoute des coursiers à plumes. Qu'ils vous transmettent un bonjour de la part d'un défunt ou qu'ils vous confirment que vous êtes sur la bonne voie, cette carte indique un contact avec l'autre monde.

CARTE 20. ANIMAUX — CATÉGORIE NATURE

MOTS-CLÉS

Honnêteté
Humilité
Authenticité
État sauvage

INAPC

Chiens
Chats
Cerfs
Coyotes
Écureuils

NOTES PERSONNELLES

HISTOIRE

L'UNE DES PLUS GRANDES FAUTES HUMAINES EST D'OUBLIER... que nous sommes des animaux. Comme les cerfs qui dévorent les paysages suburbains, les souris qui sprintent le long des meubles de cuisine ou les coyotes qui hurlent sauvagement en pleine nuit, au beau milieu de nulle part, les humains sont simplement une autre espèce au sein du règne animal. Par conséquent, lorsque nous parlons du symbole global des animaux – les millions de créatures qui cohabitent sur cette planète luxuriante et fertile –, nous sommes invités à contempler les prémisses de l'état sauvage : ce que nous supprimons, ce que nous savourons et ce que nous ne pouvons pas contenir. En ce sens, les animaux (de toutes formes et de toutes tailles) sont de précieux professeurs qui nous invitent à mettre en échec nos egos humains têtus. En observant les animaux, il est clair que des émotions profondes – la colère, la jalousie, l'empathie, l'amour – existent au-delà de notre expérience humaine et que, de même, les comportements qui animent les espèces ne sont que des manifestations complexes de pulsions innées et sauvages. Le besoin humain de vénérer et de domestiquer, mais aussi de chasser et d'anéantir d'autres animaux semble refléter, d'une manière presque trop évidente, la lutte innée de notre espèce pour accepter nos propres instincts sauvages.

CARTE 20. ANIMAUX CATÉGORIE NATURE

MOTS-CLÉS

Honnêteté
Humilité
Authenticité
État sauvage

INAPC

Chiens
Chats
Cerfs
Coyotes
Écureuils

NOTES PERSONNELLES

INTERPRÉTATION

Lorsque la carte Animaux apparaît, autorisez-vous à vous connecter à votre animal intérieur. Considérez que, malgré la formidable puissance de traitement du cerveau humain, votre propre comportement animal alimente votre prise de décision et, par conséquent, vos expériences. Fonctionnez-vous en mode survie, en montrant le combat d'un lion féroce ? Le vol d'une gazelle à grande vitesse ? L'immobilité d'un lapin nerveux ? Ou la ruse d'un labradoodle enjoué, qui se retourne astucieusement sur le dos pour se faire caresser le ventre et détourner l'attention de la chaussure mâchée à l'autre bout de la pièce ? De même, la carte des animaux vous invite à renouer avec vos propres instincts sauvages. Autorisez-vous à simplement « être », en vous libérant de toute attente d'accomplissement, de progrès ou de perfectionnisme. Laissez la carte Animaux éclairer une connexion avec votre belle âme animale, en explorant l'interaction entre les instincts sauvages et les désirs domestiqués. Comment ces qualités se manifestent-elles dans votre vie quotidienne ? Cherchez la sagesse dans les incroyables acrobaties du chat de la rue, la puissance brute d'un ours noir affamé ou les douces caresses d'une mère vache qui s'occupe de ses petits. Vous êtes la Nature, mes chers amis. Laissez votre nature sauvage s'exprimer.

CARTE 21. BROUILLARD CATÉGORIE NATURE

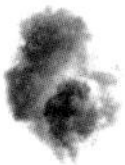

MOTS-CLÉS

Séduction
Mystère
Illusion
Intrigue

INAPC

Brume
Fumée
Stupéfiants
Falaises
Boites de nuit

NOTES PERSONNELLES

HISTOIRE

IMAGINEZ LES PREMIERS JOURS DU PRINTEMPS – il fait juste assez bon pour une promenade nocturne. En pénétrant dans le parc – l'entrée est flanquée d'une élégante grille en fer forgé – vous remarquez ce qui semble être des orbes de lumière rayonnant des lampadaires anciens. Une légère brume serpente le long des allées, enchantant le jardin d'une atmosphère romantique, d'un autre monde. Mais au fur et à mesure que vous vous enfoncez dans le parc, vous remarquez que la brume devient de plus en plus épaisse. Au fur et à mesure que la densité augmente, le brouillard ne répand plus l'éclairage des lampadaires, il l'engloutit. Imprégné de condensation et d'obscurité, vous êtes désorienté. De quel côté avez-vous tourné ? Comment revenir sur vos pas ? Et quel est ce bruit ? Cette promenade rêveuse et mystique devient vite inquiétante et même un peu dangereuse, et c'est exactement comme cela que fonctionne le brouillard. Il symbolise l'illusion, qui peut être à la fois délicieusement enivrante (comme une machine à fumée projetant des vrilles de vapeur sur la piste de danse d'une boîte de nuit) ou terriblement obstructive (comme d'épais nuages serrant de près une route de montagne escarpée). Lorsque le brouillard s'installe, nous devons faire preuve d'une grande prudence.

CARTE 21. BROUILLARD CATÉGORIE NATURE

MOTS-CLÉS

Séduction
Mystère
Illusion
Intrigue

INAPC

Brume
Fumée
Stupéfiants
Falaises
Boîtes de nuit

NOTES PERSONNELLES

INTERPRÉTATION

La carte du Brouillard n'est pas un défi en soi. Dans les circonstances opportunes, cette carte saupoudre de magie et de mystère même les situations les plus banales, transformant des circonstances ordinaires en rencontres fantaisistes. Comme l'archétype de la femme fatale enveloppée de fumée à l'arrière d'un sombre bar, le brouillard évoque l'atmosphère morose et séduisante parfaitement capturée dans les films noirs. Dans la plupart des contextes, cependant, le brouillard indique qu'une situation n'est pas clairement perçue. Le brouillard floute la frontière entre l'imaginaire et la réalité, ce qui rend difficile la compréhension des actions, des choix et des nuances. Tout comme les navires, les avions et les voitures sont retardés ou stoppés par le brouillard qui s'étend à l'horizon, cette carte vous conseille de faire une pause. Comme vous ne voyez pas clairement la route devant vous, il est préférable de ralentir et d'attendre que la visibilité s'améliore. Après tout, c'est de loin que l'on observe le mieux le brouillard.

CARTE 22. PIERRES CATÉGORIE NATURE

MOTS-CLÉS

Durabilité
Fonctionnalité
Fondamentalité
Solidité

INAPC

Cailloux
Blocs rocheux
Pierres précieuses
Cristaux
Marbre

NOTES PERSONNELLES

HISTOIRE

NOTRE RELATION AVEC LA PIERRE est complexe et quelque peu paradoxale. Froide et commune, la pierre est souvent considérée comme insignifiante, surtout lorsqu'elle est comparée à des pierres et minéraux rares, colorés et étincelants, comme l'opale noire et la tanzanite. Quelqu'un qui a « un cœur de pierre » manque d'émotion et d'empathie, et « drawing blood from a stone » (en anglais, littéralement « tirer du sang d'une pierre ») signifie tenter l'impossible, soulignant l'état sans vie de ce matériau organique. Dans la mythologie grecque, Méduse est censée transformer les gens « en pierre ». Maudits, ils se retrouvent figés. « Être stone[1] » désigne le fait de perdre temporairement l'esprit sous l'effet de stupéfiants. Mais les pierres définissent aussi l'expérience humaine : matériau des premiers outils, plaques chauffantes, armes et monuments, la pierre était si importante que nous appelons le début de l'histoire de l'humanité l'âge de pierre. Permanente, solide et stoïque, la dureté de la pierre transcende les vies – les formules des roches restent apparemment inchangées pendant des milliers d'années, symbolisant des concepts d'éternité. De même, les pierres sont souvent utilisées pour nous relier à l'autre côté

1. En anglais « stone » signifie « pierre ».

CARTE 22. PIERRES CATÉGORIE NATURE

– les pierres tombales, les tombes et les catacombes sont érigées en pierre, élevant le matériau le plus ordinaire au rang de divinité.

◈ INTERPRÉTATION ◈

Lorsque la carte Pierre apparaît, réfléchissez à la manière dont vous pouvez créer des structures plus permanentes dans votre vie. Que signifie pouvoir établir la stabilité, la durabilité, la force durable ? Comment pouvez-vous formaliser, ancrer et renforcer vos fondations ? Qu'est-ce que cela signifie pour vous de « graver dans le marbre », de rendre les choses immuables et éternelles ? La présence de cette carte suggère que le processus n'est peut-être pas le plus prestigieux : la valeur de la pierre ne réside pas dans sa façade brillante et attrayante, mais plutôt dans sa densité et sa dureté. De même, pour exploiter le potentiel de cette carte, vous devrez peut-être vous éloigner de la vanité et de l'ego et vous concentrer plutôt sur les responsabilités, les devoirs et les obligations à long terme. Tout comme les monuments cromlech ont survécu plus de cinq mille ans, cette carte vous invite à créer quelque chose de véritablement indestructible.

MOTS-CLÉS

◈

Durabilité
Fonctionnalité
Fondamentalité
Solidité

◈

INAPC

◈

Cailloux
Blocs rocheux
Pierres précieuses
Cristaux
Marbre

◈

NOTES PERSONNELLES

CATÉGORIE

SEUILS

CARTES 23 À 33

LA CATÉGORIE SEUILS est composée de onze cartes associées au domaine liminal : les frontières, les divisions, les passages et les portes. Les signes, les symboles et les synchronicités explorés à travers cet axe existent dans de multiples dimensions et contiennent des objets physiques, des êtres spirituels, des lieux géographiques et des conditions sensorielles. Cette catégorie explore l'intersection du mouvement et de l'immobilité, nous invitant à considérer notre perspective et notre relation avec les états transitoires de la conscience.

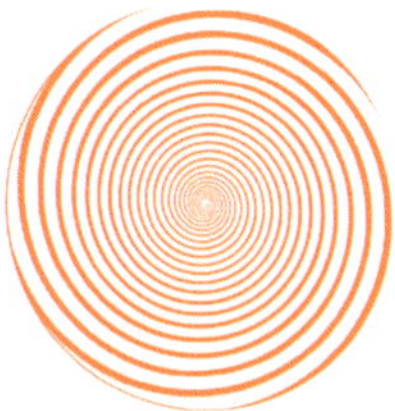

EXEMPLE : La carte des Tunnels représente la vulnérabilité, le courage et la concentration. En réfléchissant à la façon dont ces mots-clés sont liés à votre situation actuelle, vous remarquerez peut-être que les tunnels de votre vie quotidienne accélèrent ces thèmes en reliant les domaines physique et spirituel.

SEUILS

23.

PORTAILS

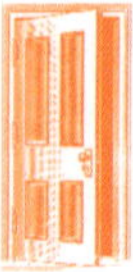

SEUILS

24.

RÊVES

SEUILS

27.

TUNNELS

SEUILS

28.

OMBRES

SEUILS

25.

SOUVENIRS

SEUILS

26.

MIROIRS

SEUILS

29.

LAMES

SEUILS

30.

FISSURES

SEUILS

31.

CARREFOURS

SEUILS

32.

FANTÔMES

SEUILS

33.

SILENCE

CARTE 23. PORTAILS CATÉGORIE SEUILS

MOTS-CLÉS

Percée/Avancée
Transition
Suspension
Métamorphose

INAPC

Embrasures de portes
Appuis de fenêtres
Cheminées
Aube
Crépuscule

NOTES PERSONNELLES

HISTOIRE

JE ME RAPPELLE QUE LA PREMIÈRE FOIS QUE MON PÈRE M'A LU *LE LION, LA SORCIÈRE BLANCHE ET L'ARMOIRE MAGIQUE* avant que je m'endorme, je devais avoir cinq ou six ans. Alors que je me blottissais sous les couvertures, mon père me racontait l'histoire de quatre frères et sœurs qui, au cours d'une partie de cache-cache, découvrent par hasard une autre dimension cachée derrière des vêtements au fond d'une armoire. Bien sûr, Narnia était cool... mais c'est le portail qui a vraiment piqué ma curiosité. Je me suis demandé s'il existait véritablement des passages surnaturels dans les endroits les plus ordinaires. Il s'avère que c'est le cas. Et vous en tenez un en ce moment. INAPC.

INTERPRÉTATION

Cette carte confirme que vous avez accès à une autre dimension. Bien que ce seuil n'apparaisse pas comme dans la littérature (par exemple, comme le terrier du lapin dans *Alice au Pays des Merveilles* ou le quai 9¾ dans *Harry Potter*), la carte des portails vous invite à explorer votre réalité d'un point de vue différent. Dans les pratiques métaphysiques, on croit que les espaces « intermédiaires » sont là où la matière rencontre l'esprit. On pense que les portails fonctionnent

CARTE 23. PORTAILS — CATÉGORIE SEUILS

MOTS-CLÉS

Percée/Avancée
Transition
Suspension
Métamorphose

INAPC

Embrasures de portes
Appuis de fenêtres
Cheminées
Aube
Crépuscule

NOTES PERSONNELLES

comme des connexions avec l'autre côté, nous permettant de communier avec ceux qui sont partis là-bas. Les lieux, les odeurs, les saisons et même les objets peuvent fonctionner comme des portails, nous transportant d'un royaume à l'autre : les embrasures de portes, les cheminées et les rebords de fenêtres génèrent d'incroyables quantités d'énergie, car ils relient l'intérieur à l'extérieur, tandis que les périodes de transition de la journée (telles que l'aube et le crépuscule) éclairent la réalité par des mouvements rapides d'ombre et de lumière. Fondamentalement, cette carte vous invite à vous mettre en mouvement, à changer de point de vue en choisissant d'entrer dans un état d'esprit différent. Le portail vous invite à entrer activement dans une nouvelle réalité, une initiation qui nécessitera du courage, de la ténacité et un certain appétit pour l'aventure. Ce n'est que le début.

CARTE 24. RÊVES CATÉGORIE SEUILS

MOTS-CLÉS

Subconscient
Créativité
Imagination
Psyché

INAPC

Sommeil
Visions
Imagination
Cauchemars
Souvenirs

NOTES PERSONNELLES

HISTOIRE

LES RÊVES FONT PARTIE DES PORTAILS spirituels les plus puissants, et nous pouvons y accéder chaque nuit. Il faut environ une heure et demie à un être humain endormi pour entrer dans la phase du sommeil paradoxal, au cours de laquelle nos yeux s'agitent frénétiquement sous nos paupières fermées, traquant les images vivantes qui composent les rêves. Pendant l'enfance, lorsque la frontière entre l'imaginaire et la réalité est floue, les rêves s'infiltrent régulièrement dans notre monde physique. Par contre, à l'âge adulte, nous créons des frontières plus fermes, reconnaissant que les rêves sont distincts de notre vie éveillée. Mais le sont-ils ? Les rêves, remplis d'images monumentales, de symbolisme dynamique et d'histoires qui défient le temps et l'espace, ne sont en fait qu'une autre dimension de nos expériences « réelles ». Les rêves expriment tous les stimuli que nous traitons par les cinq sens, les pensées, les sentiments, les émotions, les souvenirs, ainsi que les données extrasensorielles du subconscient. Les rêves sont un lien direct avec notre âme et nous transmettent tous les conseils, la sagesse et la magie du monde spirituel.

CARTE 24. RÊVES CATÉGORIE SEUILS

MOTS-CLÉS

Subconscient
Créativité
Imagination
Psyché

INAPC

Sommeil
Visions
Imagination
Cauchemars
Souvenirs

NOTES PERSONNELLES

INTERPRÉTATION

Lorsque cette carte apparaît, elle peut être interprétée littéralement : vous avez fait ou allez faire un rêve qui a une signification importante. Ce rêve contient peut-être une prémonition ? Ou un message d'un être cher décédé ? À moins qu'il n'éclaire une situation complexe ? Quelle que soit la manière dont ce rêve se manifeste, la présence de cette carte vous invite à réfléchir à son impact. Comment ce rêve peut-il faciliter l'intégration entre votre conscient et votre subconscient ? Qu'est-ce qui doit être réconcilié ? Révélé ? Par ailleurs, si vos rêves vous ont semblé extrêmement ternes, voire inexistants, cette carte vous encourage à explorer votre subconscient dans votre vie quotidienne. Qu'est-ce qui éveille la curiosité et enflamme l'imagination ? C'est ce que vous faites en ce moment même. INAPC.

La première étape pour développer une conscience plus profonde de votre univers onirique est de vous concentrer sur les nuances captées par votre subconscient avant que vous ne vous mettiez au lit. Notez les changements subtils dans votre environnement, votre corps et votre humeur vous permettra d'être plus présent dans le moment actuel et, par conséquent, de faire preuve d'une plus grande lucidité dans vos rêves. Oui, dans un paradoxe parfait et poétique, la carte des rêves ne concerne pas l'endormissement – elle concerne en fait le réveil.

CARTE 25. SOUVENIRS CATÉGORIE SEUILS

MOTS-CLÉS

Nostalgie
Sens
Histoire
Cycles

INAPC

Journaux intimes
Photographies
Odeurs
Chansons
Documents

NOTES PERSONNELLES

HISTOIRE

BIEN QUE LES SOUVENIRS RAMÈNENT AU PASSÉ, dans le domaine métaphysique, il existe une distinction sans importance entre ce qui était et ce qui est. Nos comportements, nos actions, nos choix et même notre personnalité sont une réponse permanente à nos expériences, ce qui signifie que – indépendamment de la course incessante du temps – nous sommes, à l'instant présent, des manifestations tangibles de la mémoire. Certains souvenirs sont l'empreinte d'incidents de première main dont nous avons été témoins ou que nous avons vécus, des événements qui font partie intégrante de notre identité. Bien que nous puissions partager ces souvenirs avec d'autres – amis, camarades de classe, parents qui étaient également présents – la façon dont nous métabolisons l'événement est en tout point propre à notre psyché. De plus, nous héritons également de souvenirs : les expériences qui transcendent les vies sont transmises par des histoires, ainsi que par l'emplacement physique, les opportunités, l'économie et même ces prédispositions critiques qui se produisent au niveau cellulaire. Les souvenirs sont des organismes vivants qui respirent et qui ont besoin d'être aimés, nourris et explorés en permanence.

Prendre soin des souvenirs – ceux qui nous viennent de nous-mêmes comme ceux qui

MOTS-CLÉS

Nostalgie
Sens
Histoire
Cycles

INAPC

Journaux intimes
Photographies
Odeurs
Chansons
Documents

NOTES PERSONNELLES

dépassent notre champ de compréhension - est un acte de courage, de ténacité et, en fin de compte, de conscience.

INTERPRÉTATION

Lorsque la carte Souvenirs apparaît, demandez-vous si elle vous invite à réfléchir à un incident spécifique et poignant qui se manifeste dans votre vie au moment présent ? Peut-être cette expérience particulière influence-t-elle vos choix, votre comportement ou votre processus de prise de décision ? Si c'est le cas, vérifiez avec vous-même si votre réponse est basée sur des vérités historiques ou sur des circonstances actuelles. Comment pouvez-vous à la fois honorer votre passé et faire des choix qui reflètent un avenir plus radieux ? Par ailleurs, cette carte peut simplement vous inviter à une douce compassion, vous permettant de revisiter des moments précieux enfouis dans votre subconscient ou dans votre boîte à souvenirs. Réfléchir à un événement qui vous a apporté une joie incroyable, de l'excitation, de la passion ou un accomplissement, peut vous aider à vous reconnecter à ce plaisir et à faciliter un flux harmonieux entre le passé, le présent et l'avenir. Après tout, nous sommes un puissant amalgame de tout ce qui s'est passé et de tout ce qui se passera. C'est l'essence même du tout.

CARTE 26. MIROIRS CATÉGORIE SEUILS

MOTS-CLÉS

Perception
Projection
Comparaison
Simulation

INAPC

Vanités
Reflets
Fenêtres
Métal
Piscines

NOTES PERSONNELLES

HISTOIRE

LES MIROIRS SONT SANS DOUTE LES PORTAILS LES PLUS RÉPANDUS. Nous consultons notre reflet pour vérifier notre apparence, nous maquiller ou examiner une nouvelle tenue. D'une certaine manière, le miroir suppose une conscience propre – les décisions sont retardées jusqu'à ce que le miroir soit consulté. Mais les miroirs ne se limitent pas aux surfaces métalliques fixées dans les cabines d'essayage, les armoires à pharmacie et les coiffeuses des chambres à coucher : ils apparaissent dans les écrans (téléphones, télévisions et ordinateurs), les fenêtres et, peut-être plus notoirement, sur l'eau. Dans la mythologie grecque antique, l'histoire de Narcisse raconte l'histoire d'un jeune homme qui, après avoir découvert son image dans un étang, devient tellement hypnotisé par son propre reflet qu'il finit par mourir de faim. Cette allégorie, bien que vieille de plusieurs siècles, est toujours d'actualité : le miroir est un objet d'obsession, de projection, de distorsion et de tromperie. Bien que le miroir soit souvent considéré comme un confident, une mesure fiable de la perception extérieure, son fondement même est l'illusion d'optique. Dans le miroir, la lumière est courbée, étirée, déformée et comprimée. De même, les miroirs ne révèlent pas une réalité honnête, mais plutôt une impression d'une expérience

singulière. Si ces objets exceptionnels peuvent offrir une vision extraordinaire, il faut se méfier de l'artifice de cet écho trompeur.

◈ INTERPRÉTATION ◈

Les miroirs ne parlent que de vous - mais de quelle version de vous-même s'agit-il ?

Lorsque la carte Miroir apparaît dans ce jeu, réfléchissez à votre relation avec la perception. Peut-être êtes-vous obnubilé par le fait de cultiver votre persona, de soigner votre image publique avec une précision extrême pour transmettre une narration particulière ? Ou peut-être recherchez-vous la validation des autres - dans ce cas, cette carte peut indiquer une comparaison gratuite, de l'envie ou un jugement superficiel. Que vous vous observiez vous-même ou que vous observiez quelqu'un d'autre, cette carte invite à la réflexion. Bien que la perception soit extrêmement puissante (elle joue un rôle essentiel dans notre vie quotidienne), elle ne remplacera jamais l'authenticité. Il existe des qualités intangibles - vitalité, dynamisme, passion - ainsi que des expériences réelles et tangibles qui ne peuvent être capturées par le simulacre le plus sophistiqué. N'ayez pas peur de vous éloigner du miroir et de tourner votre regard vers l'intérieur. Les profondeurs de votre vérité ne peuvent être reproduites... et c'est là le principal.

MOTS-CLÉS

◈

Perception
Projection
Comparaison
Simulation

◈

INAPC

◈

Vanités
Reflets
Fenêtres
Métal
Piscines

◈

NOTES PERSONNELLES

CARTE 27. TUNNELS CATÉGORIE SEUILS

MOTS-CLÉS

Voyage
Vulnérabilité
Courage
Focus

INPAC

Passerelles
Portes
Passages souterrains
Tunnels
Terriers

NOTES PERSONNELLES

HISTOIRE

PROFONDS, SOMBRES ET DÉSAGRÉABLES, les tunnels sont des espaces liminaux, intermédiaires. Ce sont des environnements distincts et adjacents qui existent en marge de la réalité. Pour entrer dans ce domaine, il faut capituler avec humilité, car le tunnel contient toujours de sinistres inconnues. Quelle est sa longueur ? Est-il étroit ? Peut-on se fier à l'infrastructure ? Mais il est important de noter qu'un tunnel n'est pas une grotte. Contrairement aux grottes – des chambres souterraines sans fin avec une entrée unique –, les tunnels fonctionnent comme des espaces transitoires pour le mouvement et le départ. Le tunnel est en fait un passage très pratique conçu pour accélérer les déplacements. Les tunnels permettent d'accéder à des destinations qui seraient autrement inaccessibles, en créant des voies pour les automobiles, les trains, les métros, ainsi que pour les réseaux, comme l'électricité et les tuyauteries. Oui, les tunnels peuvent être fastidieux à arpenter, claustrophobiques et anxiogènes ; lorsque vous naviguez dans un passage inconnu, vous pouvez même commencer à vous demander s'il y a vraiment une issue. Mais ce vieil adage – la lumière au bout du tunnel – est littéralement vrai. Il y a toujours une sortie.

CARTE 27. TUNNELS CATÉGORIE SEUILS

MOTS-CLÉS

Voyage
Vulnérabilité
Courage
Focus

INPAC

Passerelles
Portes
Passages souterrains
Tunnels
Terriers

NOTES PERSONNELLES

INTERPRÉTATION

Lorsque cette carte apparaît, considérez l'endroit où vous vous trouvez comme un tunnel allégorique. Vous vous approchez peut-être de l'entrée, sachant que pour atteindre la destination souhaitée, vous devrez traverser ce domaine inconnu. Bien sûr, vous pouvez avoir quelques attentes quant à ce que vous pourriez rencontrer au cours de ce passage… mais la vérité est que vous ne le saurez pas tant que vous n'aurez pas débuté votre voyage. Ou peut-être cette carte reflète-t-elle votre odyssée actuelle. Il ne fait aucun doute que le centre du tunnel peut être profondément déstabilisant : sans entrée ni sortie visible, vous pouvez avoir l'impression que le voyage est devenu un piège. À ce stade, vous pouvez commencer à vous demander si vous devez faire demi-tour. Si c'est le cas, faites preuve d'une compassion sans bornes : ce n'est peut-être pas facile, mais votre courage profond vous invite à continuer.

Finalement, une petite étincelle de lumière apparaîtra dans l'abîme, s'agrandissant et s'illuminant au fur et à mesure que vous avancerez. Et peut-être que cette carte apparaît pour célébrer votre réussite. Vous avez réussi. Vous avez atteint l'autre côté. Vous êtes enfin libre.

CARTE 28. OMBRES — CATÉGORIE SEUILS

MOTS-CLÉS

Nuance
Secrets
Honte
Intégration

INAPC

Éclipses
Crevasses
Contours
Cadenas

NOTES PERSONNELLES

HISTOIRE

QUAND AVEZ-VOUS RENCONTRÉ POUR LA PREMIÈRE FOIS LE MYSTÈRE DES OMBRES ?

Était-ce lors d'une promenade en fin d'après-midi, alors que le soleil, bas dans le ciel, projetait votre silhouette allongée sur le trottoir, étirant vos membres dans des proportions fantastiques ? Ou peut-être était-ce lors d'une soirée pyjama dans votre enfance, lorsqu'une lampe de poche pointée sur le mur a servi de décor à un spectacle d'ombres chinoises ? Ou bien votre relation avec les ombres a-t-elle toujours été ancrée dans la psychologie, reflétant la topographie de votre personnalité complexe et multidimensionnelle ? En effet, les ombres sont partout. Ces contours et silhouettes sont l'empreinte d'un obstacle – les contours de ce qui bloque la lumière. Contenants de l'obscurité, les ombres varient en échelle et en intensité, évoquant symboliquement des qualités cachées, secrètes ou subconscientes. Comme ces formes sont formées par l'absence de lumière, les gens projettent souvent la moralité sur les ombres, associant leur existence à une énergie malveillante. Mais d'un point de vue artistique, l'ombre est synonyme de profondeur. L'ombre est une valeur. L'ombre, c'est le réalisme. Sans ombre, nos peintures et photographies préférées perdent leur dynamisme – de même, les ombres font partie intégrante du tout.

CARTE 28. OMBRES CATÉGORIE SEUILS

MOTS-CLÉS

Nuance
Secrets
Honte
Intégration

INAPC

Éclipses
Crevasses
Contours
Cadenas

NOTES PERSONNELLES

INTERPRÉTATION

Lorsque la carte de l'Ombre apparaît, il est temps d'aller plus en profondeur. L'Ombre parle de tout ce qui existe au-delà de l'illumination – ce sont les vérités monumentales et puissantes qui sont souvent négligées. C'est la peur. La honte. La jalousie. La paranoïa. Le doute. Bien que ces expressions de soi ne soient pas toujours les plus flatteuses, elles font partie de votre expérience et ont également besoin d'espace pour être traitées et explorées. Traitez les ombres avec respect, compassion et compréhension, car, croyez-le ou non, ces attributs ne travaillent pas contre vous. En fait, les ombres font partie de votre configuration unique : contours, silhouettes et éclipses. Cette carte inspire l'intégration empathique, alors n'ayez pas peur de vous familiariser avec les plis de votre âme.

CARTE 29. LAMES — CATÉGORIE SEUILS

MOTS-CLÉS

Frontières
Séparation
Sévérité
Responsabilité

INAPC

Couteaux
Épées
Rasoirs
Ciseaux
Verre brisé

NOTES PERSONNELLES

HISTOIRE

L'UNE DES PREMIÈRES LEÇONS que l'on nous enseigne est d'éviter des objets tranchants. Nos parents nous avertissent par un ordre sévère – ne touche pas ! – mais, à mesure que notre dextérité s'améliore, nous apprenons à manipuler ces objets. Ne courez pas avec des ciseaux. Coupez sur une surface stable. Orientez la lame vers l'intérieur lorsque vous la passez à quelqu'un d'autre. Soyez toujours, toujours, toujours attentifs. Nous comprenons que ces outils ont des fonctions domestiques, mais ils peuvent rapidement devenir des armes dangereuses, à la fois accidentellement et, parfois, délibérément. Symboliquement, la lame reflète la limite entre l'impulsion et l'intellect. Le seul but de la lame est de couper. De sculpter. De séparer. Transformant une forme singulière en de multiples parties, l'alchimie de la lame s'inscrit dans la précision de son tranchant.

INTERPRÉTATION

L'aspect de la lame reflète l'importance d'un fossé. Où faut-il établir des frontières ? Qu'est-ce qui doit être coupé ? Comment découper une situation existante pour créer de nouveaux ensembles indépendants ? En effet, la lame est un outil puissant pour formaliser les paramètres nécessaires,

CARTE 29. LAMES **CATÉGORIE** SEUILS

mais il faut procéder avec prudence. La lame ne peut être utilisée au hasard. Des gestes irresponsables ou imprudents ne manqueront pas de provoquer des blessures – sur le plan émotionnel, des regrets et des remords. De même, la présence de cette carte exige concentration, précision et responsabilité. La lame vous invite à agir avec une confiance décisive, une sagesse expérimentée et une réflexion approfondie. En prenant une décision ferme, vous vous donnez les moyens de sortir du chaos et d'élaborer un nouveau récit en accord avec vos vérités les plus profondes.

MOTS-CLÉS

Frontières
Séparation
Sévérité
Responsabilité

INAPC

Couteaux
Épées
Rasoirs
Ciseaux
Verre brisé

NOTES PERSONNELLES

CARTE 30. FISSURES CATÉGORIE SEUILS

MOTS-CLÉS

◈

Changement
Ajustement
Conflit
Stratégie

◈

INAPC

◈

Trottoirs
Canyons
Quartiers
Fuites
Coupes

◈

NOTES PERSONNELLES

◈ HISTOIRE ◈

LES FENTES, LIGNES DE FAILLE, FISSURES ET CREVASSES sont des ruptures au sein de l'infrastructure. En général, ces ruptures précaires signalent un danger : les vieilles maisons délabrées sont marquées par des fractures dans les murs et les planchers ; les lèvres sèches et desséchées sont un signe de déshydratation et de malnutrition ; la croûte de notre planète glisse sur ses propres lignes de faille, provoquant des catastrophes naturelles telles que des tremblements de terre, des avalanches et des tsunamis. Sur le plan psychologique, les fissures désignent des ruptures internes, qui déclenchent des troubles émotionnels, spirituels et mentaux, tandis que les fissures interpersonnelles décrivent des tensions, des disputes, voire des séparations. Il est indéniable qu'une fracture, en particulier dans un espace ou une dynamique qui était autrefois entier, peut être préjudiciable. *Marche sur une fissure, ta mère se cassera la figure.* Mais les philosophes, les poètes et les penseurs spirituels interprètent les fissures d'un point de vue différent : les fissures sont des portes, des portails et des seuils. Elles sont des marques distinctives qui offrent profondeur, nuance et caractère. Les fissures sont des vérités inévitables qui reflètent l'impermanence inéluctable de la vie. De même,

CARTE 30. FISSURES CATÉGORIE SEUILS

embrasser les gouffres, c'est célébrer ce don de la conscience.

INTERPRÉTATION

Il ne faut pas craindre la carte Fissure, néanmoins sa signification ne doit pas être négligée. Ce symbole signifie qu'un changement important est en train de se produire. Cette rupture fait naturellement partie du cycle et n'est pas nécessairement négative. En fait, cette carte peut mettre en lumière un ajustement positif et habilitant qui crée de l'espace pour laisser entrer de nouvelles opportunités passionnantes. Cependant, chaque fois que des changements majeurs se produisent et que le sol commence à bouger sous vos pieds, il est sage de procéder avec prudence. En ce moment, vous devez faire preuve de beaucoup d'attention dans vos démarches : vous devez ralentir, regarder où vous allez et prendre conscience de ce changement monumental. N'oubliez pas que même si vous tentez de recoller ce qui s'est brisé – qu'il s'agisse d'un vase cassé, d'une relation ou d'une vision du monde –, cette dynamique sera à jamais changée. Acceptez la transformation.

MOTS-CLÉS

Changement
Ajustement
Conflit
Stratégie

INAPC

Trottoirs
Canyons
Quartiers
Fuites
Coupes

NOTES PERSONNELLES

CARTE 31. CARREFOURS CATÉGORIE SEUILS

MOTS-CLÉS

Choix
Conséquences
Inconnu
Découverte

INAPC

Intersections
Directions
Cartes
Sentiers
Itinéraires

NOTES PERSONNELLES

HISTOIRE

VOUS AVEZ ATTEINT UNE INTERSECTION. Une jonction. Une fourche sur la route. Espace symbolique et allégorique par excellence, le carrefour ne représente pas seulement des options, il signifie un choix. En effet, le carrefour est l'espace où nous devons faire preuve de discernement. Le chemin tout tracé n'existe plus et il faut donc faire preuve de stratégie, de réflexion et de contemplation pour s'assurer que la route que l'on choisit nous mènera là où l'on veut aller. Le folklore décrit les carrefours comme un espace entre les mondes, où se déroulent des expériences surnaturelles et des rituels étranges. Dans l'Antiquité classique, la déesse Hécate était associée aux carrefours, de même qu'Hermès, le dieu du commerce – mais c'est aussi là que des forces malveillantes profitaient des voyageurs fatigués. On pense que les marchés avec le diable se déroulent aux carrefours, ce qui souligne l'anxiété et le désespoir associés à cette impasse. L'enjeu est de taille : c'est ici, au carrefour, que les actions ont des conséquences et que nous devenons responsables de la réalisation de notre destin. C'est là que nous sommes confrontés au pouvoir – et à la pression insurmontable – du libre arbitre.

CARTE 31. CARREFOURS CATÉGORIE SEUILS

MOTS-CLÉS

Choix
Conséquences
Inconnu
Découverte

INAPC

Intersections
Directions
Cartes
Sentiers
Itinéraires

NOTES PERSONNELLES

INTERPRÉTATION

La carte des carrefours apparaît lorsque le moment est venu de prendre une décision. Les chemins de traverse signifient un tournant dans votre histoire, donc peut-être que l'apparition de cette carte reflète un changement nécessaire. Plusieurs options s'offrent à vous et vous devez maintenant choisir la meilleure voie. Dans quelle direction allez-vous aller ? Si vous ignorez où chaque route mène, ce choix peut vous sembler écrasant, mais c'est normal. À cette intersection, il se peut que vous ne disposiez pas de toutes les informations, et vous devrez donc vous appuyer sur les ressources en votre possession pour éclairer le chemin à suivre. De même, n'hésitez pas à demander aux autres, en particulier à vos proches, des conseils, des idées et des recommandations. Mais en fin de compte, n'oubliez pas que cette décision vous appartient, à vous et à vous seul(e). Il n'y a pas de raccourcis, de détours ou d'itinéraires alternatifs. Lacez vos baskets et poursuivez votre route. Vous êtes prêts.

CARTE 32. FANTÔMES CATÉGORIE SEUILS

MOTS-CLÉS

Esprits
Empreintes
Ambiguïté
Rapprochement

INAPC

Bruits de pas
Frissons
Chuchotements
Obsessions
Apparitions

NOTES PERSONNELLES

HISTOIRE

LES FANTÔMES SAVENT ASSURÉMENT comment faire impression. Présentés comme des apparitions visuelles, des expériences sensorielles, des bruits inexpliqués ou des anomalies technologiques, les fantômes sont des esprits désincarnés qui restent attachés au monde physique et humain. Bien entendu, il existe différents types de fantômes : les films d'horreur dépeignent souvent des esprits malveillants et en colère qui exigent une rétribution, s'en prenant aux vivants par le biais d'apparitions, de possessions, voire de violences. Cependant, il existe aussi des fantômes bienveillants et compatissants qui maintiennent le contact pour offrir soutien et protection ; des fantômes qui servent de gardiens et de portiers. Que vous croyiez ou non que les fantômes sont des manifestations d'êtres chers, ces entités surnaturelles sont de puissantes expressions d'émotions. Les fantômes nous permettent d'exprimer notre chagrin, notre peine, notre honte et nos regrets, ainsi que notre fascination collective pour la mort et la peur qu'elle suscite. À la fois déconcertants et terrifiants, les fantômes sont directement liés à notre bien-être psychologique et, par conséquent, nous permettent d'observer notre subconscient à travers le prisme d'un autre monde.

CARTE 32. FANTÔMES CATÉGORIE SEUILS

INTERPRÉTATION

Un fantôme vous hante-t-il ? Ou est-ce vous qui hantez ? La présence de la carte Fantômes ne signifie pas nécessairement que des esprits errent autour de votre maison (bien que cela puisse être le cas) ; dans ce jeu, la carte Fantômes parle de désir, d'attachement et de liens non résolus. Ce qui différencie les fantômes des autres entités mystiques, c'est que leur énergie est spécifiquement liée au passé. Les fantômes sont attachés à l'histoire et exigent que nous nous souvenions des événements, des expériences et des personnes. En effet, lorsque cette carte apparaît, considérez les circonstances persistantes qui doivent encore être résolues et prenez les mesures appropriées pour tourner la page. Après tout, la meilleure façon de traiter avec un fantôme est de faire la paix, en reconnaissant que ces entités spirituelles – ou ces puissants souvenirs – coexistent pacifiquement avec nos réalités actuelles. Ce qui s'est passé est déjà arrivé. Il n'y a rien à craindre.

MOTS-CLÉS

Esprits
Empreintes
Ambiguïté
Rapprochement

INAPC

Bruits de pas
Frissons
Chuchotements
Obsessions
Apparitions

NOTES PERSONNELLES

CARTE 33. SILENCE — CATÉGORIE SEUILS

MOTS-CLÉS

Pause
Réflexion
Calme
Transcendance

INAPC

Neige
Solstices
Confidentialité
Bruit blanc
Apathie

NOTES PERSONNELLES

HISTOIRE

LE SILENCE N'EST PAS l'absence de bruit. Ce n'est pas non plus l'absence de mots ou de tout ce qui reste inexprimé. Dans son état le plus exalté – c'est-à-dire son expression la plus élevée – le silence est un choix. Un concept. Une conscience. En effet, le silence est une pratique exercée dans toutes les traditions sacrées, car on croit que les messages les plus mystiques ne peuvent être entendus qu'en s'installant dans cette humble immobilité. Le silence offre un paysage de possibilités qui existent indépendamment de la cacophonie quotidienne, nous transportant dans des domaines mentaux, spirituels et émotionnels qui sont inaccessibles autrement. Le silence offre une perspective, une sagesse et – peut-être le plus important – du temps. Le silence, c'est la patience. Le silence, c'est la lenteur. Le silence est enveloppant. Mais il n'est pas nécessaire de renoncer à toutes les possessions terrestres, de se retirer dans les montagnes et d'adopter un mode de vie monastique pour faire l'expérience du silence. Le silence est un moyen d'action. Le silence, c'est choisir activement de s'éloigner du bruit – à la fois littéral et symbolique – et de chercher refuge dans ses propres pensées, sentiments et expériences. Mais être réduit au silence ? C'est une tout autre histoire. L'imposition du silence est un acte d'oppression, qui prive d'autonomie, d'expérience

CARTE 33. SILENCE — CATÉGORIE SEUILS

MOTS-CLÉS

Pause
Réflexion
Calme
Transcendance

INAPC

Neige
Solstices
Confidentialité
Bruit blanc
Apathie

NOTES PERSONNELLES

et de vérité. Le silence est différent de la réduction au silence. Et c'est là, dans les nuances de l'absence de mots, que nous pouvons vraiment comprendre la forme du silence. Assourdissant, provocateur et divin, le silence parle bien plus que le son.

INTERPRÉTATION

Dans ce jeu, le Silence est une carte complexe qui demande une contemplation attentive. L'apparition de cette carte peut confirmer une frustration actuelle. Vous attendez peut-être avec impatience un message important et vous essayez désespérément de déchiffrer la signification de ce silence radio ? Si c'est le cas, cette carte vous invite à rechercher votre propre tranquillité. Ralentissez votre esprit anxieux. Faites confiance à la pause. Ou peut-être cette carte est-elle apparue comme une instruction, confirmant que, pour le moment, le meilleur plan d'action est de garder ses cartes près de soi. Après tout, l'absence de décision n'est pas de l'indécision, c'est de la stratégie. Cette carte donne l'occasion d'identifier le silence, de reconnaître sa présence ou son absence. Comment pouvez-vous utiliser le silence comme un outil dans votre propre réalité ? Quelles pensées, idées et réflexions pouvez-vous extraire de cette expression dynamique ? N'oubliez pas que le silence ne se limite pas à mettre votre téléphone en mode avion – il s'agit de recadrer votre réalité.

CATÉGORIE

CHANCE

CARTES

33

À

44

LES ONZE CARTES DE LA CATÉGORIE CHANCE sont liés par la possibilité. Le domaine du hasard contient une multitude d'options : la vue, les sons et les schémas, ainsi que les jeux et les potions, sont mesurés par le destin et la chance. Le hasard fait monter les enchères, nous invitant à considérer notre rapport au risque et à la récompense, reconnaissant que lorsque toutes les variables sont réunies au bon moment, dans la bonne formation, des choses véritablement miraculeuses peuvent se produire. Et lorsqu'elles se produisent, les cartes de cette catégorie veillent à ce que nous soyons prêts à reconnaître et à recevoir une extraordinaire et généreuse récompense.

EXEMPLE : La carte Pièces de Monnaie représente la prospérité, l'abondance et la générosité. Examinez comment ces thèmes se rapportent à votre réalité actuelle : que pouvez-vous apprendre du signe, du symbole et de la synchronicité des pièces de monnaie – tout en gardant un œil sur les manifestations physiques de ce INAPC dans votre vie ?

CHANCE

34.

RENCONTRES

CHANCE

35.

RETARDS

CHANCE

38.

MUSIQUE

CHANCE

39.

GÉOMÉTRIE

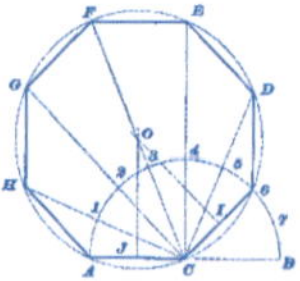

CHANCE

36.

DÉS

CHANCE

37.

PIÈCES DE MONNAIE

CHANCE

40.

CHIFFRES

CHANCE

41.

NOMS

CHANCE

42.

ÉLIXIRS

CHANCE

43.

INTUITION

CHANCE

44.

MIRACLES

CARTE 34. RENCONTRES   CATÉGORIE CHANCE

MOTS-CLÉS

Spontanéité
Introduction
Initiation
Potentiel

INAPC

Conversations
Réunions
Orientations
Happy Hours
Conférences

NOTES PERSONNELLES

HISTOIRE

LORSQUE JE PRENDS UN MOMENT POUR RÉFLÉCHIR aux personnes, aux opportunités et aux aventures les plus significatives que j'ai eu la chance de vivre, toutes ont une origine commune : leur genèse a commencé par une rencontre fortuite, un alignement inattendu qui a déclenché un puissant effet d'entraînement. Si certaines rencontres peuvent ressembler à une intervention divine, d'autres ne sont pas aussi évidentes. En fait, de nombreuses rencontres significatives se développent organiquement au fil du temps : il faut parfois des semaines, des mois, voire des années pour comprendre l'important impact de ces rencontres fortuites, de ces connexions inopinées. Mais qu'est-ce qui définit ce type d'alignement ? Et comment évaluer son importance potentielle ? C'est là toute la magie de la chose : tous les types de connexions – qu'elles soient romantiques ou professionnelles, à long terme ou à court terme, intimes ou transactionnelles – sont imprégnés d'un potentiel de changement de vie, même si la transformation transcende la rencontre elle-même. En effet, certaines des rencontres les plus douloureuses, les plus déchirantes et les plus décevantes alimentent des changements de paradigme monumentaux qui modifient radicalement les trajectoires.

CARTE 34. RENCONTRES CATÉGORIE CHANCE

MOTS-CLÉS

Spontanéité
Introduction
Initiation
Potentiel

INAPC

Conversations
Réunions
Orientations
Happy Hours
Conférences

NOTES PERSONNELLES

Et, en fin de compte, c'est l'amalgame de toutes ces myriades de rencontres, tissées ensemble comme un patchwork, qui suture un récit unique dans la conscience.

INTERPRÉTATION

La carte Rencontres valide ou prédit un lien significatif, son apparition invite donc à une prise de conscience interpersonnelle. Bien qu'il soit possible que vous rencontriez un parfait inconnu qui a le pouvoir de changer votre vie à lui tout seul, ne négligez pas les expressions moins cinématographiques, mais beaucoup plus omniprésentes, de cette INAPC. Lorsque cette carte apparaît, chaque interaction – y compris celles initiées en ligne, ainsi que celles avec des personnes que vous connaissez déjà – a le potentiel de déclencher des possibilités inattendues. Dans le monde des rencontres, les alignements déclenchent un effet domino qui se déploie de la manière la plus remarquable. De même, la chose la plus importante que vous puissiez faire en tirant cette carte est de rester ouvert et réceptif. Dites oui aux opportunités sociales – en particulier celles qui se trouvent en dehors de votre zone de confort. Lorsque la carte Rencontres apparaît, les possibilités sont infinies.

CARTE 35. RETARDS CATÉGORIE CHANCE

MOTS-CLÉS

Déviation
Départ
Décalage
Calibrage

INAPC

Trafic
Problèmes
Rejets
Erreurs
Déceptions

NOTES PERSONNELLES

HISTOIRE

QUE VOUS SOYEZ BLOQUÉ À L'AÉROPORT EN TRAIN D'ATTENDRE un vol, ou bien d'actualiser désespérément votre boîte mail dans l'attente d'un message important, ou encore de subir les conséquences d'un événement qui ne cesse d'être repoussé, les reports de date peuvent être profondément énervants, déstabilisants. Souvent, les retards sont le produit de facteurs externes qui transcendent la situation elle-même – des circonstances telles que la météo, le trafic, l'approvisionnement, les budgets, ainsi que le timing et, bien sûr, la chance. En astrologie, les retards se traduisent souvent par des rétrogrades, l'illusion d'optique qui donne l'impression qu'une planète voyage à l'envers. Mais si l'on considère que les rétrogrades apparaissent régulièrement dans les orbites planétaires, on comprend que les retards font partie de la vie. Ils sont inévitables. De plus, dans le domaine métaphysique où il n'y a pas de coïncidences, nous pouvons approfondir notre compréhension spirituelle des reports pour célébrer les opportunités inattendues qui émergent des interruptions, des déviations et des arrêts forcés.

CARTE 35. RETARDS CATÉGORIE CHANCE

MOTS-CLÉS

Déviation
Départ
Décalage
Calibrage

INAPC

Trafic
Problèmes
Rejets
Erreurs
Déceptions

NOTES PERSONNELLES

INTERPRÉTATION

La carte Retards fait souvent lever les yeux au ciel. Nous organisons notre vie autour du mouvement, en faisant des plans et en fixant des objectifs pour déclencher le progrès et la croissance. Ainsi, naturellement, les digressions qui vous font dévier de votre route - que ces obstacles proviennent de l'extérieur ou de l'intérieur - peuvent être ressenties comme des complications, des revers ou même des échecs. Cependant, les retards offrent une perspective unique qui, autrement, serait inaccessible. En l'absence d'avancée, vous êtes invité à cultiver une connexion encore plus riche avec l'intention. La carte Retards vous encourage à vous aligner sur vos véritables désirs, besoins et attentes. En effet, si cette carte peut refléter un report que vous êtes déjà en train de vivre, elle peut également apparaître lorsque vous avez besoin de ralentir, de reprendre votre souffle et de faire une pause. Les retards exigent que nous sortions du mode pilote automatique et que nous nous (re)concentrions sur les circonstances immédiates. Bien qu'il ne soit pas toujours facile de s'en rendre compte sur le moment, la vérité est que même les retards les plus frustrants sont imprégnés d'une magie qui leur est propre. Il suffit de changer de perspective.

CARTE 36. DÉS CATÉGORIE CHANCE

MOTS-CLÉS

Destin
Probabilité
Risque
Récompense

INAPC

Jeux
Paris
Loterie
Cartes
Machines à sous

NOTES PERSONNELLES

HISTOIRE

DES VESTIGES DE DÉS DATANT DE PLUSIEURS MILLIERS D'ANNÉES ont été découverts dans presque toutes les civilisations anciennes. Les dés, qui constituent l'un des plus anciens outils de jeu connus, étaient également utilisés pour la divination (astragalomancie) et la cartomancie. Il est intéressant de noter que, des millénaires plus tard, les dés n'ont guère changé : il s'agit d'objets à plusieurs faces, chacune représentant une valeur différente. Le dé le plus répandu est un cube à six faces distinctes, chacune étant marquée de points (de un à six) désignant différents paliers. Les dés sont une manifestation de la probabilité, des chances et du hasard ; à chaque lancer, un individu explore le hasard, le risque et, bien sûr, la récompense. Dans la Rome antique, les dés étaient considérés comme un jeu noble, car le résultat était uniquement déterminé par les forces surnaturelles du destin et de la fatalité. En effet, il n'y a rien d'intrinsèquement mauvais dans les dés. Après tout, nous sommes constamment en train de placer des paris et de faire des mises : chaque jour est un pari. Cependant, les dés augmentent les enjeux de la chance, en invitant le destin à prendre le volant et à s'engager sur la voie rapide. Vous feriez mieux de boucler votre ceinture.

CARTE 36. DÉS CATÉGORIE CHANCE

MOTS-CLÉS

◈

Destin
Probabilité
Risque
Récompense

◈

INAPC

◈

Jeux
Paris
Loterie
Cartes
Machines
à sous

◈

NOTES PERSONNELLES

◈ INTERPRÉTATION ◈

Êtes-vous prêt à lancer les dés ? L'apparition de cette carte peut suggérer que la chance est de votre côté. Peut-être que tout ne peut pas être parfaitement planifié et préparé et que, pour atteindre votre objectif, vous devez sortir de votre zone de confort et faire acte de foi. Peut-être que travailler avec le destin, la destinée et la chance est le meilleur plan d'action. Mais si les choses ne se passent pas comme vous l'avez imaginé, serez-vous capable de tolérer une perte ? Un rejet ? Un échec ? Il est important de se rappeler que le résultat du lancer de dés peut être des circonstances indésirables, ce qui signifie qu'il est important de prendre en compte le rapport risque-bénéfice de votre décision. Bien sûr, la vie est remplie de jeux de hasard : dès maintenant, explorez ce que cette dynamique signifie pour vous sur le plan individuel.

CARTE 37. PIÈCES DE MONNAIE — CATÉGORIE CHANCE

MOTS-CLÉS

Prospérité
Abondance
Générosité
Mouvement

INAPC

Centimes
Jetons
Euros
Change

NOTES PERSONNELLES

HISTOIRE

LES PIÈCES SONT L'UNE DES PLUS ANCIENNES MANIFESTATIONS de la monnaie, qui remonte à trois mille ans. Monnaie viendrait de *monere* en latin qui signifie « avertir », mais également de *moneta* d'après le temple de Juno Moneta où était frappée la monnaie. Pour générer l'abondance, nous devons accepter les fluctuations inhérentes à l'argent. D'un point de vue spirituel, cet aspect est extrêmement important : les ressources circulantes sont chargées énergétiquement, tandis que les ressources statiques – l'argent thésaurisé, gardé avec avidité et utilisé comme outil d'oppression – se périment et deviennent rances, toxiques. La valeur symbolique des pièces de monnaie, qui sont des objets de poche, tactiles, est également ancrée dans de nombreuses pratiques magiques : les Deniers est une suite dans les jeux de tarot traditionnels, et de nombreuses personnes ont fait l'expérience d'esprits délivrant des messages par l'intermédiaire de pièces de monnaie (en particulier la pièce de 10 centimes). Les pièces de monnaie sont lancées pour prendre des décisions qui ne nécessitent qu'un oui ou un non. Trouver une pièce « porte-bonheur » est signe de chance. Par ailleurs, les pièces sont souvent conservées en tant qu'objets de collection indépendamment de leur valeur économique. Il est intéressant de noter qu'à

CARTE 37. PIÈCES DE MONNAIE CATÉGORIE CHANCE

l'heure où nous écrivons ces lignes, les États-Unis connaissent une pénurie de pièces de monnaie : se pourrait-il que notre relation à ces petites pièces soit en train de changer ? Seul l'avenir nous le dira, mais dans ce domaine mystique, cela souligne la magie unique et spéciale des pièces de monnaie.

◈ INTERPRÉTATION ◈

L'apparition de la carte Pièces de Monnaie peut être le signe d'une abondance – de nouvelles ressources financières sont en route. Ouvrez l'œil pour trouver de la monnaie.

Lorsque la carte Pièces de Monnaie apparaît comme un signe annonciateur d'opportunités financières, elle fonctionne en tandem avec d'autres signifiants mystiques dans votre vie quotidienne. Fondamentalement, la carte Pièces de Monnaie signifie que vous êtes soutenu spirituellement sur votre chemin – que vous croyiez aux anges, aux guides ou à un « univers » omniscient ineffable, vous êtes aligné avec une énergie positive qui reconnaît votre valeur. D'une part, la carte peut être interprétée comme une affirmation de votre travail acharné. D'autre part, si vous avez glissé dans des habitudes d'avarice qui bloquent le flux essentiel de la monnaie, cette carte est un puissant rappel. Pour construire et de maintenir une relation saine avec les ressources, il est impératif que vous donniez la priorité à la générosité en donnant en retour.

MOTS-CLÉS

◈

Prospérité
Abondance
Générosité
Mouvement

◈

INAPC

◈

Centimes
Jetons
Euros
Change

◈

NOTES PERSONNELLES

CARTE 38. MUSIQUE CATÉGORIE CHANCE

MOTS-CLÉS

Âme
Expression
Enchantement
Incarnation

INAPC

Radio
Playlists
Instruments
Chants
Rythmes

NOTES PERSONNELLES

HISTOIRE

VOUS EST-IL DÉJÀ arrivé de vous réveiller avec une chanson apparemment aléatoire à l'esprit, puis de l'entendre à la radio quelques heures plus tard ? Ou êtes-vous tombé par hasard sur de vieilles paroles qui, d'une manière ou d'une autre, décrivent votre situation actuelle – avec une précision inquiétante ? La musique est un puissant vecteur de INAPC ; comme les synchronicités, la musique s'exprime par des schémas. Les instruments, la tonalité, l'harmonie, la dissonance, le rythme, la mélodie, les douzaines de gammes évoluent tous en tandem, créant des voies uniques vers des dimensions métaphysiques complexes qui nous permettent de nous connecter à des expériences émotionnelles partagées qui transcendent les récits singuliers. La musique nous invite à nous souvenir. Imaginer. Danser. Ressentir. Fondamentalement, la musique nous aide à nous aligner sur notre sensibilité, en renforçant une relation plus étroite avec notre conscience unique, ainsi qu'avec les courants ineffables et extrasensoriels qui électrisent l'existence. Les scientifiques ont découvert que les êtres humains traitent la musique non pas dans une seule zone, mais dans l'ensemble de leur cerveau. La musique a peut-être le potentiel de percer les mystères de notre psyché. Se pourrait-il que la musique soit le principal conducteur de la divinité ? Le battement de cœur du cosmos ?

CARTE 38. MUSIQUE CATÉGORIE CHANCE

MOTS-CLÉS

Âme
Expression
Enchantement
Incarnation

INAPC

Radio
Playlists
Instruments
Chants
Rythmes

NOTES PERSONNELLES

INTERPRÉTATION

La carte Musique donne tout son potentiel quand elle est associée à une chanson. Peut-être avez-vous été attiré par un album en particulier ? Ou vous avez récemment entendu un morceau qui vous plaisait à la radio ? Ou bien, la chanson n'a pas encore été créée – elle vit en vous comme une sensation. Il n'est pas nécessaire d'être musicien pour travailler avec la magie de cette carte ; en fait, il n'est même pas nécessaire d'avoir un intérêt particulier pour la musique en tant qu'expression créative. Dans ce jeu, la carte Musique signale le lien dynamique entre le son et l'émotion, et ceci, bien sûr, émerge de multiples façons. C'est l'expression auditive de l'excitation, de la passion et du plaisir, mais aussi de la déception, de la rage et de la tristesse. La carte Musique vous invite à définir votre paysage énergétique à travers le bruit, ce qui peut vous permettre d'explorer vos goûts musicaux et vos préférences d'un point de vue plus profond et plus spirituel. De plus, lorsque la carte Musique apparaît, il est probable que la réponse que vous cherchez apparaisse par le biais d'une chanson, alors veillez à écouter avec attention. Que ce message soit délivré par des ondes radio ou par une vidéo de danse virale de quinze secondes sur les réseaux sociaux, la présence est tout ce qu'il y a de plus divin. En cas de doute, demander la guidance sous la forme d'un nom familier.

CARTE 39. GÉOMÉTRIE CATÉGORIE CHANCE

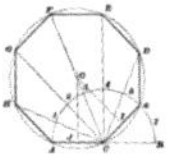

MOTS-CLÉS

Modèles
Formations
Structures
Environnements

INAPC

Cercles
Pyramides
Hexagones
Mandalas
Toiles d'araignées

NOTES PERSONNELLES

HISTOIRE

LA GÉOMÉTRIE EXISTE DANS TOUTES LES DIMENSIONS – il s'agit de galaxies en spirales, de ruches hexagonales, de tombes pyramidales. La géométrie est l'une des plus anciennes branches des mathématiques et elle est au cœur de la physique, de l'ingénierie et de l'architecture. Dans le domaine métaphysique, la géométrie offre un mysticisme profond qui correspond à notre perception des limites, de la cyclicité, de l'esprit et de la matière. La « géométrie sacrée » est l'ancienne tradition ésotérique qui consiste à relier les formes à la divinité, en explorant la signification ésotérique des motifs récurrents (par exemple, le phénomène de la « spirale d'or » – également appelée spirale logarithmique ou séquence de Fibonacci – est souvent exploré d'un point de vue à la fois scientifique et spirituel). En effet, la géométrie se compose d'organisations spatiales organiques et non organiques qui fonctionnent comme des conteneurs, délimitant la forme et la fonction. Cela s'exprime également dans le langage : le « cercle intérieur » donne accès à une proximité exclusive, tandis qu'un « triangle amoureux » évoque une dynamique romantique compliquée. Mais projetons-nous notre conscience sur des formes ou bien la conscience reflète-t-elle les motifs géométriques dynamiques intégrés dans les dimensions physique et astrale ? Ce phénomène spatial est tout simplement sublime.

CARTE 39. GÉOMÉTRIE CATÉGORIE CHANCE

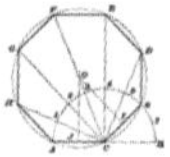

MOTS-CLÉS

Modèles
Formations
Structures
Environnements

INAPC

Cercles
Pyramides
Hexagones
Mandalas
Toiles d'araignées

NOTES PERSONNELLES

INTERPRÉTATION

Lorsque la carte Géométrie est tirée, pensez à la façon dont les formes, les lignes, les angles et les formes apparaissent dans votre vie. D'un point de vue astrologique, la géométrie peut se manifester à travers les liens formés entre les planètes et les corps célestes. De même, la carte Géométrie peut se manifester pour signaler une activité astrologique importante : explorez votre thème natal, consultez votre horoscope ou informez-vous simplement sur la météo astrologique du jour. Que se passe-t-il dans le cosmos ? La carte Géométrie peut également apparaître pour encourager un changement dans votre environnement émotionnel ou physique. Dans ce cas, la carte Géométrie vous invitera à aborder la situation d'un point de vue différent. Il est peut-être temps de porter votre attention sur votre habitat : ajustez les œuvres d'art murales qui sont légèrement de travers. Créez une symétrie à votre poste de travail. La géométrie est une discipline mathématique, mais elle est aussi une expérience : tout comme l'axiome de l'architecture moderne « la forme suit la fonction », rappelez-vous que vous êtes également un modèle cosmique.

CARTE 40. CHIFFRES CATÉGORIE CHANCE

MOTS-CLÉS

Alignements
Manifestations
But
Raffinement

INAPC

Horodatage
Adresses
Pages
Plaques d'immatriculation
Limites de vitesse

NOTES PERSONNELLES

HISTOIRE

DANS LE DOMAINE MÉTAPHYSIQUE, les nombres sont plus que des expressions de quantités. Les nombres sont des modèles, des messages, des vibrations. Ils sont des représentations de l'énergie, de la force vitale et de la divinité. Ce sont des outils régulièrement utilisés par les guides, les anges, les ancêtres et les puissances supérieures pour offrir la sagesse, la vision, l'instruction et la direction. Les numérologues utilisent une arithmétique simple pour dériver le « nombre racine » (traditionnellement de 1 à 9, ainsi que 11 et 22) à partir des numéros de téléphone, des adresses professionnelles et des dates du calendrier, afin de découvrir les thèmes fondamentaux associés à chaque entité. Mais au niveau individuel, la signification spirituelle des nombres transcende toute formule prédéterminée. En effet, les enseignements ésotériques de la Kabbale associent 11:11 au tétragramme (יהוה), soit le nom imprononçable de Dieu en quatre lettres, soulignant ainsi le caractère profondément sacré des séquences numériques. Expérimenter les chiffres en tant que symboles débloque un état de conscience supérieur vous permettant d'aller au-delà de l'existant pour entrer dans le domaine des possibilités infinies.

CARTE 40. CHIFFRES CATÉGORIE CHANCE

MOTS-CLÉS

Alignements
Manifestations
But
Raffinement

INAPC

Horodatage
Adresses
Pages
Plaques d'immatriculation
Limites de vitesse

NOTES PERSONNELLES

INTERPRÉTATION

Quelle heure est-il ? Quelle température fait-il ? Quel est le pourcentage de la batterie de votre téléphone ? Lorsque cette carte apparaît, prenez le temps de scruter votre environnement, en observant les chiffres qui apparaissent même dans les endroits les plus ordinaires. La carte Chiffres indique l'alignement, l'harmonie et la connectivité. Cette carte signifie que vous recevrez des informations importantes, tant sur le plan quantitatif que qualitatif. Cependant, alors qu'une recherche rapide sur Google vous permettra certainement d'obtenir des informations sur des centaines de combinaisons de chiffres, la carte Chiffres de ce jeu vous invite d'abord à vous tourner vers l'intérieur, à fortifier un lien personnel avec ces figures divines avant de chercher une confirmation extérieure. Que signifient pour vous ces schémas numériques ? Que signifient-ils dans votre réalité ? Sont-ils un signe que vous devez poursuivre votre chemin ? Que vous devez continuer à aller de l'avant contre vents et marées ? Ou peut-être est-ce une invitation à ralentir, à donner la priorité au repos et à vous concentrer sur des schémas plus réparateurs ? Lorsque la carte Chiffres apparaît, vous avez la possibilité de définir votre lien avec ce langage spirituel dynamique. Il s'agit de *votre* réalité, alors n'ayez pas peur d'en fixer les règles.

CARTE 41. NOMS — CATÉGORIE CHANCE

MOTS-CLÉS

Identité
Valeur
Réputation
Héritage

INAPC

Avatars
Noms d'utilisateur
Surnoms
Titres
Pseudonymes

NOTES PERSONNELLES

HISTOIRE

DANS LA LÉGENDAIRE TRAGÉDIE DES AMANTS DE SHAKESPEARE, Juliette s'exclame : « Ce que nous appelons une rose, sous un autre nom, sentirait aussi bon », ce qui montre que les titres existent indépendamment de la valeur intrinsèque d'une entité. Les noms sont des signifiants profondément codifiés qui, en fonction de l'environnement, du contexte, du pays, de la culture et de la langue, communiquent rapidement une multitude d'informations complexes sur la nationalité, l'héritage, le sexe, la religion et d'innombrables autres associations sociales. Ces désignations sont lourdement chargées. Nous pouvons changer de nom pour mieux refléter notre identité, adopter le nom de famille d'un conjoint ou échanger des lettres contre des images pour défier les limites des symboles alphabétiques. Mais les noms ne sont pas seulement destinés aux personnes : tout élément est associé à un mot, ce qui signifie que l'attribution d'un titre est l'expression de la compréhension. En fait, de nombreux psychologues recommandent de nommer les émotions pour aider à identifier les expressions complexes non physiques. Ainsi, qu'il s'agisse d'une personne, d'un lieu ou d'une chose, les noms ont plus de poids qu'une simple suite de lettres ou de caractères : ils établissent l'existence.

CARTE 41. NOMS CATÉGORIE CHANCE

MOTS-CLÉS

Identité
Valeur
Réputation
Héritage

INAPC

Avatars
Noms d'utilisateur
Surnoms
Titres
Pseudonymes

NOTES PERSONNELLES

INTERPRÉTATION

Lorsque cette carte apparaît, soyez attentif aux noms. Peut-être remarquerez-vous le nom d'un grand-parent à un endroit inattendu ? Ou peut-être qu'un nom inconnu apparaît à plusieurs reprises, mais vous ne savez pas exactement pourquoi vous êtes conscient de ce schéma ? Dans le domaine métaphysique, où il n'y a pas de coïncidences, vous pouvez être sûr qu'il y a une réponse : la carte Noms indique que vous recevez des messages par le biais de titres. Le fait d'observer plusieurs fois le même nom – qu'il soit ou non associé à une personne que vous connaissez personnellement – est une indication puissante que vos actions sont soutenues spirituellement. Il se peut que le nom finisse par se manifester littéralement (peut-être est-ce le nom de votre futur partenaire romantique), mais il est possible que les noms que vous rencontrez restent mystérieux – cela aussi est fantastique. Après tout, la vraie magie ne peut pas toujours être expliquée : s'agit-il du nom d'un ancêtre lointain, à plusieurs générations de distance ? Ou peut-être était-ce vous dans une vie antérieure, et la carte représente alors un magnifique lien mystique qui transcende les lignes temporelles ? Il existe d'innombrables raisons pour lesquelles des noms éclairent votre chemin, mais lorsque cette carte apparaît, vous pouvez être certain d'une intervention divine. En cas de doute, faites appel à votre guidance sous la forme d'un nom familier.

MOTS-CLÉS

Tentation
Évasion
Distraction
Déni

INAPC

Potions
Fontaines
Teintures
Codes de triche
Trous d'évacuation

NOTES PERSONNELLES

HISTOIRE

LE TERME *DEUS EX MACHINA* – ou « dieu qui sort de la machine » – est né dans le théâtre grec antique il y a plus de deux mille ans. Lorsque l'intrigue d'une pièce devenait trop compliquée ou trop tragique, de grandes grues étaient utilisées pour faire descendre des acteurs (déguisés en divinités) sur la scène afin de « résoudre » les problèmes insolubles, d'absoudre les personnages et d'apporter une fin heureuse à l'histoire. Et le tour était joué ! Bien entendu, d'un point de vue littéraire, le *deus ex machina* était très mal vu ; les pièces qui utilisaient sérieusement cette technique étaient considérées comme mal structurées et manquant de cohésion créative. C'est peut-être vrai, mais cette technique n'a pas pour but de refléter la réalité, mais plutôt notre désir profond et incessant d'un élixir magique. Bien que ce type de remède surnaturel soit certainement stupéfiant, les implications symboliques d'un remède universel sont nettement différentes de celles d'un miracle : les élixirs fonctionnent comme des raccourcis souvent utilisés pour échapper à la responsabilité. De même, l'élixir allégorique – comme le *deus ex machina* – peut être assez douteux. Certes, vos soucis et vos difficultés peuvent s'évaporer d'un coup... mais à quel prix ? Vous risquez de vous retrouver avec une mauvaise gueule de bois, une réputation entachée ou quelque

MOTS-CLÉS

Tentation
Évasion
Distraction
Déni

INAPC

Potions
Fontaines
Teintures
Codes de triche
Trous d'évacuation

NOTES PERSONNELLES

chose de bien plus grave encore, donc quand on vous offre un élixir rappelez-vous que toutes les actions ont des conséquences.

INTERPRÉTATION

La carte Élixirs est certainement très évocatrice – après tout, elle apparaît généralement lorsque vous êtes déjà très stressé. Que vous jongliez avec des tonnes de responsabilités, que vous naviguiez dans des dynamiques interpersonnelles complexes ou que vous cherchiez des réponses dans un espace liminal, il est probable que vous cherchiez désespérément votre propre *deus ex machina*. Comment ces situations seront-elles résolues ? La carte Élixirs indique que vous avez besoin d'un répit. Il peut s'agir de vacances, d'une journée consacrée à votre santé mentale ou simplement d'éteindre votre téléphone pendant quelques heures. Utilisée avec modération, la carte Élixirs peut offrir une distraction temporaire bien nécessaire, vous permettant de relâcher la tension et de revoir votre situation avec une perspective plus large. Cependant, la présence de la carte Élixirs peut également suggérer l'évasion, l'illusion ou même la tromperie. En effet, l'apparition de cette carte exige de l'honnêteté : êtes-vous vraiment sincère ou y a-t-il quelque chose – ou quelqu'un – que vous évitez intentionnellement ? Il peut être tentant de boire l'élixir, mais n'oubliez pas qu'aucune solution miracle n'est éternelle.

CARTE 43. INTUITION CATÉGORIE CHANCE

MOTS-CLÉS

Protection
Sécurité
Confiance
Révélation

INAPC

Vibrations
Énergie
Picotements
Sensations
Indices

NOTES PERSONNELLES

HISTOIRE

L'INTUITION EST INTÉGRÉE DANS CHAQUE CARTE de ce jeu. En fait, INAPC est animé par cette connaissance intérieure dynamique. Lorsque nous commençons à nous aventurer dans le domaine métaphysique, nous faisons appel à une sagesse innée plus profonde et plus magnétique que nous n'aurions jamais pu l'imaginer. Mais une question que l'on me pose fréquemment est de savoir comment distinguer l'anxiété de l'intuition – puisqu'elles impliquent toutes deux un type de dialogue interne, comment peut-on les différencier ? Heureusement, il y a une réponse à cette question : l'anxiété est une sirène, tandis que l'intuition est un murmure. L'anxiété tourbillonne et cascade – bruyante et abrasive, elle arrive généralement en réponse directe à une circonstance extérieure et travaille extrêmement dur pour légitimer ses affirmations afin de se camoufler en intuition. Et puis il y a l'intuition. Calme, austère et confiante sans avoir besoin de faire d'efforts, l'intuition ne se soucie pas de justifier sa présence – elle existe, tout simplement. L'intuition n'a pas besoin de crier ou de faire du cinéma pour attirer votre attention. Elle apparaît comme une brise, une lueur ou un scintillement. Quel que soit le message qu'elle délivre, l'intuition vous donnera souvent l'impression d'être enracinée, stable et centrée : l'intuition est

MOTS-CLÉS

Protection
Sécurité
Confiance
Révélation

INAPC

Vibrations
Énergie
Picotements
Sensations
Indices

NOTES PERSONNELLES

votre alliée. Bien sûr, il faut du temps, de la pratique et de la patience pour exploiter votre intuition, mais c'est le cas pour tout ce qui est magique, mais aussi terre à terre. La première étape, bien sûr, est de commencer par le commencement.

INTERPRÉTATION

Pour les praticiens spirituels chevronnés, la présence de la carte Intuition est claire et directe : il s'agit d'une invitation à se connecter à son savoir intérieur. D'une certaine manière, cette carte a un ton un peu insolent, comme si elle disait : « Hé, pourquoi me demandes-tu cela ? Tu as déjà la réponse. » La carte Intuition est une expression concentrée de votre propre sagesse innée. Toutefois, si vous êtes encore relativement novice dans ce domaine, la carte Intuition peut vous inspirer un exercice spirituel. Fermez les yeux et demandez à votre moi supérieur un signe, une image, un mot ou une couleur pour éclairer ce moment. Une fois que vous avez identifié le signifiant, gardez ce symbole à l'esprit et demandez-vous ce qu'il signifie. Pourquoi ce symbole particulier est-il pertinent pour vous en ce moment ? Que veut-il que vous sachiez ? En travaillant avec la carte Intuition et en renforçant votre propre boucle d'information interne, vous serez de plus en plus à l'aise avec ce jeu. En fin de compte, l'intuition est le fondement de la magie.

CARTE 44. MIRACLES CATÉGORIE CHANCE

MOTS-CLÉS

Dévotion
Alchimie
Espoir
Divinité

INAPC

Arcs-en-ciel
Étoiles filantes
Aurore boréale
Bioluminescence
Récupération

NOTES PERSONNELLES

HISTOIRE

LORS D'UNE CRISE FAMILIALE PARTICULIÈREMENT ÉPINEUSE il y a quelques années, mon anxiété – une sirène familière que je connais depuis l'enfance – s'est mise à hurler à un volume vraiment insupportable. J'ai commencé à demander à des amis et à des collègues de me recommander des experts et j'ai reçu le nom d'une hypnothérapeute très réputée. Lorsque je me suis connectée pour notre séance virtuelle, j'ai expliqué ma situation, élucidant mes stress et mes peurs. Après avoir raconté mon histoire, elle m'a regardé à travers l'écran : « On dirait que vous avez besoin d'un miracle », a-t-elle dit. J'ai ri. Mais pas elle. Elle s'est penchée plus près de l'ordinateur et, les sourcils froncés, m'a demandé si je croyais aux miracles : « Il ne s'agit pas de religion. Il s'agit de créer un espace pour l'impossible, parce que l'impossible se produit tout le temps. » Et toutes ces années plus tard, je réfléchis encore à ces mots. Elle avait raison. Des miracles se produisent chaque jour. Ils ne prennent pas toujours la forme des expériences de mort imminente décrites dans les films, mais lorsqu'on commence à y prêter attention, les miracles sont absolument partout. Nichés dans les recoins de la mémoire et exhalés à chaque respiration, les miracles animent la conscience...

CARTE 44. MIRACLES CATÉGORIE CHANCE

MOTS-CLÉS

Dévotion
Alchimie
Espoir
Divinité

INAPC

Arcs-en-ciel
Étoiles filantes
Aurore boréale
Bioluminescence
Récupération

NOTES PERSONNELLES

INTERPRÉTATION

La carte Miracles est le point d'ancrage de ce jeu ; c'est pourquoi les signes, les symboles et les messages apparaissent sous la forme du Cosmos, de la Nature, des Seuils et de la Chance. C'est votre conscience qui existe en ce moment, à cet instant, sous cette forme. Et elle est parfaite. La carte Miracles se manifeste littéralement, même si sa forme n'est pas toujours évidente. En fait, il arrive que les merveilles les plus extraordinaires, du genre qui vous changent la vie, se présentent d'abord sous la forme d'une déception, d'un rejet ou même d'une trahison. Mais les difficultés et les miracles ne s'excluent pas mutuellement ; en fait, ils s'associent souvent dans une harmonie parfaite parce que vous – et vous seul(e) – connaissez cette saveur spécifique de l'existence qui vous définit. Le miracle est peut-être l'alchimie : la capacité de transformer les circonstances les plus difficiles en inspiration divine. La carte Miracles révèle le pouvoir des possibilités qui se cachent dans toute chose, qu'elle soit monumentale ou minuscule. Lorsque cette carte apparaît, n'ayez pas peur, oubliez toute incrédulité : rien n'est impossible.

CRÉDITS ICONOGRAPHIQUES :

Coffret, couverture du livret, page 1 : *Vignettes début de siècle : Attributs de commerce, Culs-de-lampe, Allégories, Passepartout, Sujets divers* by Collectif (Inter-Livres, 1987) ; local_doctor / Shutterstock ; **pages 1, 2, 28, 30, 32, 56, 58, 60, 84, 86, 88, 112, 144, 116 :** Lenny Tam / EyeEm / Getty Images ; **page 7 :** iStock.com / THEPALMER ; **page 8 :** ChannarongPherngjanda / Shutterstock ; **pages 11, 29, 99, 127 ; cartes 28, 39 :** Morphart Creation / Shutterstock ; **pages 17, 81, 109, 113, 119, 137 ; cartes 22, 33, 35, 44 :** iStock.com / ilbusca ; **pages 30, 53 ; cartes 2, 11 :** mikroman6 / Moment / Getty Images ; **page 34 :** Patrick Guenette / Alamy Stock Vector ; **page 37 ; carte 3 :** Pavel Kusmartsev / Alamy Stock Photo ; **pages 39 à 51 ; cartes 4, 5, 6, 7, 8, 9, 10 :** Vlada Young / Shutterstock ; **page 61 ; carte 12 :** iStock.com / pikepicture ; **page 63 ; carte 13 :** iStock.com / Nastasic ; **page 65 ; carte 14 :** iStock.com / Vladi333 ; **page 67 ; carte 15 :** Old Images / Alamy Stock Photo ; **page 69 ; carte 16 :** iStock.com / Grafissimo ; **page 71 ; carte 17 :** From Pictorial Archive of Printer's Ornaments : From the Renaissance to the 20th Century edited by Carol Belanger Graton (Dover Publications, 1980) ; **page 75 ; carte 19 :** ilbusca / DigitalVision Vectors / Getty Images ; **pages 77, 89, 121, 123 ; cartes 20, 23, 36, 37 :** From Scan This Book Two by John Mendenhall (Art Direction Book Co, 1996) ; **page 79 ; carte 21 :** iStock.com / GeorgePeters ; **page 91 ; carte 24 :** From Picture Sourcebook for Collage and Decoupage edited by Edmund V. Gillon, Jr. (Dover Publications, 1974) ; **pages 93, 95, 131 ; cartes 25, 26, 41 :** From Scan This Book edited by John Mendenhall (Art Direction Book Co, 1991) ; **page 101 ; carte 29 :** iStock.com / channarongsds ; **page 103 ; carte 30 :** Alexander_P / Shutterstock ; **page 105 ; carte 31 :** Luminarium Graphics ; **page 107 ; carte 32 :** DELstudio / Shutterstock ; **page 125 ; carte 38 :** iStock.com / ivan-96 ; **page 129 ; carte 40 :** iStock.com / NSA Digital Archive

Text copyright © 2022 Aliza Kelly
Illustrations/photographies copyright © 2022

Coffret et couverture © 2022 Abrams

Publié pour la première fois en 2022 par en anglais Abrams Image,
un imprint de ABRAMS, New York, sous le titre *There are no coincidences.*
Abrams Image® is a registered trademark. (Tous droits réservés
dans tous pays par Harry N. Abrams, Inc.)

Pour l'édition française :
Édition : Pauline Ferlay
Traduction : Francine Maigne
Préparation de copie : Laure Salathé
Correction : Adèle Jacquet
Mise en page : NordCompo
Fabrication : Anne-Laure Soyez

Dépôt légal : octobre 2024
ISBN : 978-2-01-721646-9
22-7877-9

Achevé d'imprimé en Chine en octobre 2024.

Tous droits de traduction, d'adaptation et de reproduction, totale ou partielle, pour quelque usage, par quelque moyen que ce soit, réservés pour tous pays.
Nous utilisons des papiers composés de fibres naturelles, renouvelables, recyclables et fabriqués à partir de bois issus de forêts adoptant un système d'aménagement durable. En outre, nous travaillons avec des fournisseurs de papier qui s'inscrivent dans une démarche de certification environnementale reconnue.

nian